성학집요

교양으로 읽는 율곡의 성리학

청소년 철학창고 15

성학집요 교양으로 읽는 율곡의 성리학

초판 1쇄 발행 2006년 10월 20일 | 초판 7쇄 발행 2022년 3월 4일

풀어쓴이 최영갑
펴낸이 홍석 | 기획 채희석 | 이사 홍성우
인문편집 팀장 박월 | 편집 박주혜 | 표지 디자인 황종환 | 본문 디자인 서은경
마케팅 이송희·한유리·이민재 | 관리 김정선·정원경·최우리·홍보람·조영행
펴낸곳 도서출판 풀빛 | 등록 1979년 3월 6일 제2021-000055호
주소 07547 서울시 강서구 양천로 583 우림블루나인 A동 21층 2110호
전화 02-363-5995(영업), 02-364-0844(편집) | 팩스 070-4275-0445
홈페이지 www.pulbit.co.kr | 전자우편 inmun@pulbit.co.kr

ISBN 978-89-7474-541-7 44150

ISBN 978-89-7474-526-4 44080 (세트)

이 도서의 국립중앙도서관 출판예정도서목록(CIP)은 서지정보유통지원시스템 홈페이지(http://seoji.nl.go.kr)와
국가자료공동목록시스템(http://www.nl.go.kr/kolisnet)에서 이용하실 수 있습니다. (CIP제어번호: CIP2006002097)

성학집요

교양으로 읽는 율곡의 성리학

이이 지음 | 최영갑 풀어씀

'청소년 철학창고'를 펴내며

우리 청소년이 읽을 만한 좋은 책은 없을까? 많은 분들이 이런 고민을 하셨을 겁니다. 그러면서 흔히들 고전을 읽어야 한다고 합니다. 하지만 서점에 가서 책을 골라 보신 분들은 느꼈을 겁니다. '청소년의 지적 수준에 맞춰서 읽힐 만한 고전이 이렇게도 없는가.'라고.

고전 선택의 또 다른 어려움은 고전의 범위가 매우 넓다는 것입니다. 청소년 시기에는 시간과 능력의 한계 때문에 그 많은 고전들을 모두 읽을 수 없습니다. 그렇다면 어떤 책을 읽어야 할까요?

이런 여러 현실적인 어려움을 고려해 기획한 것이 풀빛 '청소년 철학창고'입니다. '청소년 철학창고'는 고전의 핵심이라 할 수 있는 '철학'에 더 많은 무게를 실었습니다. 그 이유는 무엇일까요?

사람들은 일반적으로 철학을 현실과 동떨어진 공리공담이나 펼치는 학문이라고 생각합니다. 하지만 철학적 사고의 핵심은 사물과 현상을 다양하게 분석하고 종합해서 그 원칙이나 원리를 찾아내는 것입니다. 그래서 철학은 인간과 세상에 대해 깊이 있게 생각하고, 논리적으로 종합하는 능력을 키워 줍니다. 그런 만큼 세상과 인간에 대해 눈떠 가는 청소년 시기에 정말로 필요한 공부입니다.

하지만 모든 고전이 그렇듯이 철학 고전 또한 읽기가 쉽지 않습니다. 그래서 '청소년 철학창고'는 청소년의 눈높이에 맞추기 위해 선정에서부터 원문 구성에 이르기까지 많은 노력을 기울였습니다.

첫째, 책을 선정하는 과정에서부터 엄격함을 유지했습니다. 동양·서양·한국 철학 전공자들이 많은 회의 과정을 거쳐, 각 시대마다 동서양과 한국을 대표하는 철학 고전들을 엄선했습니다. 특히 우리 선조들의 사상과 동시대 동서양의 사상들을 주체적인 입장에서 비교하고 검토할 수 있도록 했습니다.

둘째, 고전 읽기의 참다운 맛을 살리기 위해 최대한 원문을 중심으로 구성했습니다. 물론 원문 읽기의 어려움을 해결하기 위해 새롭게 번역하고 재정리했습니다. 그리고 청소년이라면 누구나 어렵지 않게 읽으면서 고전이 주는 의미와 내용을 이해할 수 있도록 설명을 덧붙였고, 전체 해설을 통해 저자의 사상과 전체 내용을 다시 한번 정리해 주었습니다.

마지막으로 쉬운 것부터 읽기 시작해 점차 사고의 폭을 넓혀 가도록 난이도에 따라 세 단계로 구분했습니다. 물론 단계와 상관없이 읽고 싶은 순서대로 읽어도 됩니다.

우리 선정위원들은 고전 읽기의 진정한 의미가 '옛것을 되살려 오늘을 새롭게 한다(溫故知新).'는 데 있다고 생각합니다. '청소년 철학창고'를 통해 자라나는 청소년들이 인간과 사물에 대한 깊은 통찰력을 키워, 밝은 미래를 열어 나갈 수 있기를 진정으로 바랍니다.

2005년 2월

선정위원   허우성(경희대 교수, 동양 철학)   윤찬원(인천대 교수, 동양 철학)
          정영근(서울산업대 교수, 한국 철학)   허남진(서울대 교수, 한국 철학)
          이남인(서울대 교수, 서양 철학)   한자경(이화여대 교수, 서양 철학)

들어가는 말

성학(聖學)이라는 말은 요즘 사람들에게 생소하게 들리겠지만 조선 시대만 하더라도 학문이나 정치를 하는 사람에게는 가장 보편적인 용어 가운데 하나였다. 학문을 하는 사람은 성인(聖人)이 되는 것이 목표였으며, 정치를 하는 사람은 요(堯)임금·순(舜)임금과 같은 성인의 정치를 베푸는 것을 목표로 삼았다. 따라서 성인이 되기 위한 학문, 즉 성학이라는 용어는 공부하는 사람이면 누구에게나 해당되는 말이었다.

율곡(栗谷)은 40세 되던 해인 1575년에 《성학집요(聖學輯要)》를 저술하여 선조에게 올렸다. 그런데 율곡보다 먼저 퇴계(退溪)가 68세였던 1568년에 《성학십도(聖學十圖)》를 선조에게 올려 성군(聖君)이 되기를 희망했다. 이렇게 위대한 학자 두 명이 선조에게 성군이 되도록 글을 지어 올렸는데, 그 이유는 선조가 아직 젊어서 훌륭한 임금이 될 가능성이 있다고 생각했기 때문이다. 자신을 위해 진정한 충고를 하는 신하를 두었다는 점에서 선조는 역대 임금 가운데 가장 큰 행운을 가진 임금이라고 할 수 있다.

《성학집요》는 《대학(大學)》의 체제를 따라서 큰 줄거리를 잡고, 여러 유학 경전과 역사서를 참조하여 구성했다. 그 내용은 율곡이 서문에서 말한 것처럼 "자신을 갈고 닦아서 인격을 완성하는 수신(修身)을 가장 중요하게 여기고, 집안을 가지런하게 하여 주변 사람들이 본받게 만드는 것을 그다음으로 생각"해서 수기(修己)·정가(正家)·위정(爲政)을 차례대로 다루고 있다. 율곡은 선조가 이 글을 읽고 깨달은 바를 정치에 반영하여 나라가 평안하기를 희망했다.

"좋은 약은 입에 쓰지만 병을 치료하는 데는 유익하고, 충고하는 말은 귀에 거슬리지만 행동을 하는 데는 이로움을 준다."라는 옛말이 있다. 사실 《성학집요》는 지루하고 따분한 책으로 보일 수 있다. 그러나 율곡의 《성학집요》는 삶을 살아가는 데 슬기로운 지혜를 주며 올바른 삶의 자세를 알려 주는 쓴 약과 같은 책이다.

하나뿐인 인생을 후회 없이 살기 위해서는 청소년 시절에 지루하지만 삶을 풍요롭게 해 주는 책들을 읽어야 한다. 그렇다고 율곡과 같은 대학자가 되기 위해 어릴 적부터 수많은 경전과 글을 읽을 수는 없는 노릇이다. 《성학집요》를 읽으면 적어도 우리 선조들이 어떤 생각을 하고 어떻게 살았는지를 이해할 수 있다. 《성학집요》에는 율곡이 정리한 유학의 핵심 내용이 들어 있고 율곡이 생각한 이상적인 사회의 모습이 들어 있기 때문이다.

글은 눈으로만 읽는 것이 아니라 마음으로 읽는 것이다. 이 책도 마음으로 읽는 책이기에 한 줄 한 줄 깊이 생각하고 마음으로 깨닫는다면 청소년기의 젊은이들에게 아주 값진 삶의 지침이 될 수 있으리라 믿는다.

2006년 7월
최영갑

《성학집요》를 이해하기 위한 배경 지식

1. 성리학의 형성과 핵심 내용

　유학의 발전 과정은 네 시기로 구분할 수 있다. 첫 번째는 선진(先秦) 시대의 유학, 즉 진(秦)나라 이전의 유학을 말하는데, 이 시기에는 공자(孔子)와 맹자(孟子)의 사상을 중심에 놓고 이론보다 실천적인 측면에 중점을 두었다. 두 번째 시기는 한(漢)나라에서 당(唐)나라에 이르는 시기로 유교, 불교, 도교가 서로 혼합되며 발전하던 시기다. 이 시기의 유학은 훈고학을 중심으로 발달하며 과거 시험의 과목으로만 인정되었을 뿐 학문의 측면에서는 침체기에 해당한다. 세 번째는 송(宋)나라 성리학의 시대로 유학이 이론적으로 체계가 정립되고 화려하게 절정을 이루는 시기다. 네 번째는 청(淸)나라 실학, 즉 고증학의 시대로 성리학의 공리공담을 벗어나고자 하는 노력이 이루어진 시기다. 이 시기에는 고증학이 발달하고 실사구시의 학풍이 일어났다. 이상의 네 시기 가운데 선진 시대와 송대 성리학의 시대는 유학이 발흥한 시기라고 할 수 있으며, 한당 시대와 청대는 유학의 침체기로 볼 수 있다.

유학이 발흥했던 두 시기 가운데 송대는 성리학의 이론적 토대가 이루어지고 유학이 꽃을 피운 시기다. 송나라 이전의 시대에는 사실상 불교 사상이 주류를 이루고 있었기 때문에 유학은 자연히 침체될 수밖에 없었다. 그러나 당나라 말기에 유학을 부흥시키려는 시도가 한유(韓愈)와 이고(李翺)에 의해서 일어나게 되었다. 한유는 당송 팔대가(八大家)의 한 사람으로 문학 작품으로 이름을 날린 학자였다. 그는 불교를 반대하고 유교를 부흥시키고자 노력했으며, 유학의 도통에 대해서도 체계를 잡았다. 이고는 한유와 동시대의 인물로《중용(中庸)》을 근거로 유학의 이론을 정립하여 이론적으로 한유보다 뛰어난 학자로 인정받는 한편 송대에《중용》을 중요하게 여기는 기풍을 열어 준다. 이렇게 한유와 이고 두 사람은 당나라 말기에 유학을 부흥시키고자 노력한 학자들로 이들의 뒤를 이어서 송대의 성리학이 꽃을 피우게 된다.

송나라에 들어와서 주돈이(周敦頤)·장재(張載)·소옹(邵雍)·정호(程顥)·정이(程頤) 형제 등 뛰어난 학자들이 잇달아 나오면서 유학의 새로운 이념 체계 정립에 기여했다. 이 다섯 명의 학설을 집대성해서 이론 체계를 정립한 사람이 주희(朱熹), 즉 주자다. 송나라의 성리학은 사실상 불교와 도교의 영향을 받아서 정립된 유학의 새로운 체계라고 할 수 있다.

송대에 성리학이 발흥할 수 있었던 것은 당시 사대부 계층의 자유롭고 개방적인 학문 풍토 때문이다. 사대부는 유교적 교양을 갖춘 지식인으로 과거를 통해 위정자가 될 수 있는 사람들이었다. 그리고 경제적 기반도 어느 정도 마련된 계층이었다. 따라서 그들은 지식과 경제적 역량을 모두 갖춘 계층으로 송나라의 학술 존중 정책과 맞물려 활발하게 학문의 발전에 큰 몫을 하게 된다.

이와 같은 학문적 풍토에서 성리학적 기초를 제공한 학자가 바로 북송 시대 다섯 명의 학자였다. 주돈이는 호가 렴계(濂溪)로 《태극도설(太極圖說)》을 지어 우주와 인간의 근원을 밝혔는데 이것은 송대 우주론의 정수를 보여 주고 있으며, 퇴계의 《성학십도(聖學十圖)》에서도 첫 번째로 등장한다. 장재는 호가 횡거(橫渠)로 《정몽(正蒙)》이라는 저서를 써서 성리학의 형이상학과 인식론의 기초를 세운 학자다. 정호와 정이가 그의 문하에서 배웠다. 소옹은 호가 강절(康節)인데 수(數)가 모든 존재의 기본이라며 상수학(象數學) 이론을 만들었다. 그의 학문은 어려워서 이해하는 사람이 드물었지만 모든 존재의 통일성을 주장했고 그것은 주자학의 이론 체계에 도움을 주었다. 정호와 정이는 형제인데 이정자(二程子)로 높여 불렸다. 이들은 주자의 학문에 가장 큰 영향을 끼친 학자들로 송대 성리학 형성에 결정적 역할을 했다. 주자는 이 가운데 특히 정이의 학문에서 많은 영향을 받았다. 이상에서 언급한 북송 시대의 다섯 학자를 북송 오자(北宋五子)라고 한다.

성리학은 성명(性命)과 이기(理氣)에 대한 학문으로 "인간의 본성이 곧 하늘의 이치[性卽理也]"라고 하는 말을 축약해서 만들어진 용어다. 이 말은 정이가 처음 사용했고 주자가 그의 학설을 계승하여 체계적으로 정리했다. 성리학은 이기 개념을 중심으로 우주와 인간의 생성과 구조를 해명하고 인간의 참된 도리에 관하여 깊이 논의함으로써 과거의 훈고학이 이르지 못했던 학문의 경지를 개척했다. 성리학은 우주와 인생, 보편과 특수를 일관하는 방대하고 심오한 체계인데 그 중심 내용은 태극론(太極論)과 이기론(理氣論), 심성론(心性論) 등으로 구분할 수 있다.

태극이란 말은 《주역(周易)》〈계사전(繫辭傳)〉에 나오는 말인데 "역(易)에 태극이 있으니 태극이 양의(兩儀)를 낳고, 양의는 사상(四象)을 낳고, 사상은 팔괘(八卦)를 낳는다."라고 한 말에서 유래한다. 이 말은 바로 태극이 만물의 근원이며 우주의 본체라는 것을 의미한다. 그러나 태극이란 개념이 성리학의 중심 개념으로 등장한 것은 주돈이의 《태극도설》을 통해서였다. 주돈이는 "무극이 곧 태극[無極而太極]"이라 했는데 무극, 즉 극이 없는 상태가 우주 만물의 본체요 온갖 조화의 근거가 되므로 가장 커다란 극인 태극이라 한 것이다.

주자는 태극을 인간 도덕의 본체로서의 인극(人極)임과 동시에 우주의 본체로 파악하여 태극을 천지조화의 근본 원리요, 우주 만물의 본체라고 주장했다. 그래서 태극의 본성을 이(理)로 해석했다. 그러나 이때의 태극은 단순히 관념적이고 정적인 존재가 아니라 동(動)과 정(靜)의 두 계기를 자체 안에 포함하는 것으로 보았다. 또한 주자는 천지 만물이 전체로서 하나의 태극인 동시에 개별적 사물들은 모두 각각의 태극을 지닌 것이라 했다. 마치 하늘의 둥근 달은 하나지만 이 달이 비친 강물 곳곳에 모두 달의 모습이 비치는 것과 같다.

성리학의 이기론은 우주론이라고 할 수 있는데, 주자는 태극을 이, 음양(陰陽)을 기(氣)라고 하여 이 세계의 모든 존재는 이와 기에 의해서 구성된 것으로 설명했다. 이는 우주 만물의 존재 원리를 지칭하고, 기는 만물을 구성하는 질료와 에너지를 지칭한다. 그러므로 이는 형태와 움직임이 없는 무형무위(無形無爲)한 형이상의 존재를 의미하고, 기는 형태와 움직임이 있는 유형유위(有形有爲)한 형이하의 존재를 의미한다. 그러므로 이는 추상적인 원리이고 기는 구체적인 현상이라 할 수 있다. 그런데 추상적인 원리를 떠나서 구체적인 사물이 존재할 수 없고 또한 구체적인 현상을 떠나서 추상적인 원리가 존재할 수 없다. 이런 까닭에 이와 기는 서로 떨어질 수 없는 관계에 있다. 하지만 근본적인 측면에서 본다면 이와 기는 분명히 서로 다른 원리와 성질을 가진 존재이므로 분리해서 설명하지 않을 수 없다. 따라서 이와 기는 하나이면서 둘이고, 둘이면서 하나라고 표현한다.

심성론은 이기론에 근거해서 인간의 선악 문제를 해명한 것이다. 이는 인간에게 있어서 성(性), 즉 본성이 되며, 기는 인간에게 있어서 육체가 된다. 우주의 근본 원리인 이는 선한 존재이기 때문에 그것을 부여받은 인간의 본성도 모두 선하다. 다만 기에 맑고 흐린 차이가 있기 때문에 어리석은 사람과 현명한 사람의 차이가 있게 된다. 하지만 육체적인 제약이 있다고 해도 애초의 본성이 완전히 사라지는 것은 아니기 때문에 도덕적 수양을 통해서 자신의 선한 본성을 다시 회복시키도록 노력해야 한다. 심성론은 이러한 문제들을 도심(道心)과 인심(人心), 본연지성(本然之性)과 기질지성(氣質之性), 사단(四端)과 칠정(七情) 등의 개념을 통해서 설명한다. 인간의 마음이란 때로는 도덕적 정의를 지향하기도 하고 육체적 욕망을 지향하기도 한다. 도덕적 정의를 지향하는 것을 도심이라 하고, 육체적 욕망을 지향하는 것을 인심이라고 한다. 따라서 모든 인간은 인심과 도심의 두 가지 요소를 모두 지니고 있는데, 도심이 인심을 잘 조절해야 도덕적 인간이 될 수 있다. 또한 이런 도심을 나타내는 것이 본연지성이고 인간이 마땅히 지녀야 할 인·의·예·지의 네 가지 실마리인 사단이며, 인심을 나타내는 것이 기질지성이고 일곱 가지 감정인 칠정이다.

이상과 같이 유학은 시기적으로 변천하고 발달하면서 송나라 성리학이 발흥하던 시기에는 이론적 체계를 갖추고 새로운 유학, 즉 성리학으로 거듭난다. 성리학은 우리나라에 들어와서 더욱 발달하게 되고 우리나라만의 고유한 유학을 형성한다. 특히 조선 중기 이황, 이이의 시기부터는 이기론을 중심으로 활발하게 논쟁과 저술이 이루어졌고 그것을 바탕으로 한국적 유학 전통이 만들어졌다.

2. 삼강령 팔조목

《성학집요》를 읽기 위해서는 먼저 《대학》의 내용을 이해해야 한다. 왜냐하면 율곡 자신이 서문에서 밝힌 것처럼 《성학집요》는 《대학》의 내용을 토대로 전체적인 틀을 만들었기 때문이다. 따라서 아래에서 간략하게 《대학》의 핵심 내용에 대해서 설명하고자 한다.

《대학》의 근본 정신은 삼강령(三綱領)과 팔조목(八條目)에 나타나 있다. 삼강령은 명명덕(明明德)·신민(新民)·지어지선(止於至善)을 말하고, 팔조목은 격물(格物)·치지(致知)·성의(誠意)·정심(正心)·수신(修身)·제가(齊家)·치국(治國)·평천하(平天下)를 말한다.

먼저 삼강령에 대해서 살펴보자. 삼강령이란 세 가지 커다란 줄기라는 뜻이다. 대인, 즉 큰 사람이 되기 위해 배우는 학문인 《대학》은 세 가지 커다란 줄기를 가지고 방향을 잡아야 한다.

첫 번째는 '명명덕'이다. 명명덕은 명덕을 밝힌다는 뜻인데, 명덕이란 인간이 타고난 밝고 맑은 본성, 즉 선한 본성을 말한다. 따라서 명명덕이란 인간이 타고난 선한 본성을 다시 밝혀내야 한다는 의미다. 인간은 처음에는 맑은 본성을 가지고 태어나지만 주변 환경에 의해서 차츰 악한 모습을 갖게 된다. 그렇기 때문에 자기의 본래 모습인 선한 상태를 회복하고 그것을 다시 밝혀내기 위한 학문과 수양이 지속되어야 한다.

두 번째는 '신민'인데, 백성을 새롭게 한다는 의미다. 사람들을 나누면 먼저 깨닫고 먼저 아는 사람과 나중에 깨닫고 나중에 아는 사람이 있다. 따라서 먼저 완성한 사람은 그것을 다른 사람에게 베풀어서 그들도 함께 새롭게 태어나도록 인도해야 할 의무가 있다. 그것이 바로 신민이다.

세 번째는 '지어지선'인데, 지선(至善, 지극히 선한 곳)에 도달하는 것을 최종 목표로 삼는다는 의미다. 지선의 세계는 인간이 추구하는 가장 이상적인 세계를 의미한다. 유토피아적인 세계를 생각하면 될 것이다. 하지만 유학에서는 현실 세계 안에서 이상적인 세계를 찾으려고 하고 그것이 가능하다고 본다. 따라서 유학은 자신의 본성을 잘 밝혀내고 이것을 통해 백성들을 새로운 모습으로 인도하며, 함께 이상적인 세계를 만들어 가는 것을 목적으로 한다.

다음 팔조목에 대해서 살펴보자. 팔조목이란 삼강령을 실천하기 위한 여덟 가지의 작은 항목을 말한다.

첫 번째는 '격물'인데, '사물에 이르다' 또는 '사물을 바르게 하다'라는 뜻으로 해석한다. 주자는 사물을 바르게 인식하기 위해서는 사물을 접하고 사물에 다가가야 한다고 했고, 왕양명은 양지(良知), 즉 바른 지식을 통해 사물의 본질을 인식해야 한다고 했다. 주자의 설명에 의하면 사물을 직접 대하고 난 다음에 사물의 본질과 모습을 알 수 있고, 그런 다음에 지식을 완성하게 된다. 오늘 한 사물의 이치를 탐구하고 내일 또 한 사물의 이치를 탐구하여 지식을 넓혀 가다 보면 어느 날 홀연히 사물의 모든 이치를 깨닫게 된다는 것이다.

두 번째는 '치지'인데, 치지란 앎을 완성하는 것이다. 인식을 하는 주체인 마음의 이치와 인식의 객관적 대상인 사물의 이치가 서로 맞아떨어지기 때문에 인간의 인식은 가능해진다. 유학에서 지식이란 단순하게 사실을 아는 것이 아니라 인간의 도덕적 각성도 포괄하는 것이다. 인간에게는 사물의 이치를 인식하는 마음이 있고 사물에는 객관적 이치가 있기 때문에 격물치지가 가능해진다.

세 번째는 자신의 의지를 성실하게 유지하는 '성의'다. 의지를 성실하게 하는 것은 자신을 속이지 않는 것에서부터 출발한다. 남이 보지 않는 곳에서도 삼가고 독실하게 해서 덕을 쌓는 것이 자신의 의지를 성실하게 하는 것이다.

네 번째는 마음을 바르게 하는 '정심'이다. 몸을 닦는 것은 마음을 바르게 하는 데 있다. 마음이 바르지 않으면 사물도 바르게 인식할 수 없다. 또한 마음은 몸을 이끄는 주인이다. 따라서 마음을 바르게 해야 바른 인식과 바른 행동이 가능해진다.

다섯 번째는 자신을 닦는 '수신'이다. 사람은 자신의 단점은 모르고 남의 단점을 지적하는 경우가 많다. 수신은 자신의 단점을 알고 보완하는 것을 말한다.

여섯 번째는 집안을 가지런하게 하는 '제가'다. 집안을 가지런하게 하는 일은 수신에서 시작한다. 자신이 바르면 집안 사람들도 바르게 된다.

일곱 번째는 나라를 다스리는 '치국'이다. 집안을 잘 다스리면 나라를 다스리는 것도 어렵지 않게 된다.

여덟 번째는 온 세상을 평안하게 만드는 '평천하'다. 세상을 안정시키는 일은 위정자가 덕을 쌓는 것에서 시작된다. 나 혼자 잘 살기 위한 것이 아니라 모든 사람이 함께 평온한 태평성대에 살기 위해서는 남을 배려하는 마음으로 덕을 쌓아야 한다.

팔조목 가운데 격물·치지·성의·정심은 수신을 위한 준비라고 생각하면 된다. 자신을 수양하기 위해서는 사물의 이치를 알아야 하고, 사물의 이치를 알기 위해서는 사물에 직접 다가가서 경험하고 그에 대한 지식을 축적해야 한다. 그러고 난 다음에 끊임없이 자신의 의지를 성실하게 유지하며 유혹에 흔들리지 않아야 하고, 마음을 반듯하게 가져야 한다. 그렇다고 팔조목이 반드시 순서에 따라 이루어지는 것은 아니다. 수신에서 제가, 치국, 평천하에 이르는 길도 차례대로 이루어지는 것이 아니라 수신하면 곧 평천하를 할 수도 있다. 따라서 팔조목은 서로 유기적으로 연관되어 있는 것이므로 나열된 순서나 차례에 의해 갖추는 것이 아니라 함께 또는 동시에 갖추어야 하는 실천 사항이라고 볼 수 있다.

3. 역에 대해서

1) 역의 의미

《주역》은 예로부터 점을 치는 점서로 알려져 왔다. 그리고 실제 역을 가지고 점을 치는 경우도 많다. 그러나 역을 길거리에서 관상이나 사주를 보는 사람들이 치는 점으로 여겨서는 안 된다. 역은 철저하게 도덕적 정신을 바탕에 두고 있으며, 하늘의 도리인 천도(天道)와 인간의 일인 인사(人事)를 연결하는 내용을 담고 있다. 즉, 우주의 삼라만상이 변화하는 원리를 통해서 인간이 살아가는 원리를 유추해 내는 데 그 목적이 있다. 물론 고대인들이 앞으로 일어날 일의 좋고 나쁨을 미리 알기 위해 만들어 낸 측면도 있다. 하지만 공자가 정리한 《주역》은 점서 이상의 철학적 의미를 내포하고 있는 유교의 중요한 경전(經傳)이다.

역에는 세 가지 의미가 있다. 첫째는 변역(變易)이다. 존재하는 모든 것은 한순간도 그대로 머물러 있는 경우가 없다. 따라서 변화의 원리를 담고 있는 것이다. 둘째는 불역(不易)이다. 변화하는 가운데 변하지 않는 것도 있다. 사계절의 변화라든가 해와 달의 운행은 오랜 세월 변하지 않는 모습을 지니고 있다. 따라서 일정하게 불변하는 모습을 가진 것을 포함한다. 세 번째는 이간(易簡)이다. 이간은 간단하고 알기 쉽다는 뜻이다. 역은 매우 단순하고 간단한 원리를 통해서 만들어졌다. 음양이라고 하는 두 원리를 결합하여 8개의 기본 괘를 만들고, 이것을 중첩하여 64개의 괘를 만들었다. 따라서 이 안에 모든 것을 담고 있는 것이니 복잡한 것은 아니다.

역은 글자를 살펴보면 그 의미를 쉽게 알 수 있다. 역(易)이라는 글자의 윗부분은 해[日]를 형상하는 모습이고, 아랫부분은 달[月]을 형상하는 모습이다. 해는 양이고 달은 음이다. 따라서 해와 달이 음양으로 변하는 것처럼 모든 것의 변화를 나타낸다. 또한 역은 도마뱀이나 카멜레온 같은 동물의 모습을 보고 만들어졌다고 한다. 이러한 동물들이 자연의 변화에 민감하게 반응하며 사는 것에서 착안했다는 것이다.

2) 역의 원리

《주역》〈계사전〉에 "역에 태극이 있는데, 태극이 양의를 낳고, 양의가 사상을 낳고, 사상이 팔괘를 낳았다."라고 했다. 즉, 우주 태초의 원리인 태극에서 2개의 짝을 이루는 양의, 즉 음과 양이 생겼다는 말이다. 양을 대표하는 것은 하늘[天]이고 음을 대표하는 것은 땅[地]이다. 이것을 기호로 표시하여 음(--)과 양(—)으로 나타냈다.

음양은 다시 4개의 형상인 사상으로 분화된다. 즉, 노양(老陽==), 소음(少陰==), 소양(少陽==), 노음(老陰==)이 바로 그것이다. 여기에 음양이 하나씩 더해져 팔괘가 완성된다. 하늘[건(乾)☰], 연못[태(兌)☱], 불[리(離)☲], 우뢰[진(震)☳], 바람[손(巽)☴], 물[감(坎)☵], 산[간(艮)☶], 땅[곤(坤)☷]이 바로 팔괘다. 이것을 기본 괘인 소성괘(小成卦)라고 한다.

기본 팔괘를 사물과 성질에 비유하여 간략하게 설명하면 다음과 같다.

〈팔괘의 명칭과 그것이 비유하는 것〉

괘의 명칭	기호	비유하는 사물	비유하는 성질
건(乾)	☰	하늘	강함
태(兌)	☱	연못	온순함
리(離)	☲	불	밝음
진(震)	☳	우뢰	분별
손(巽)	☴	바람	우유부단
감(坎)	☵	물	지혜
간(艮)	☶	산	고요함
곤(坤)	☷	땅	부드러움

〈역의 발전과 조직〉

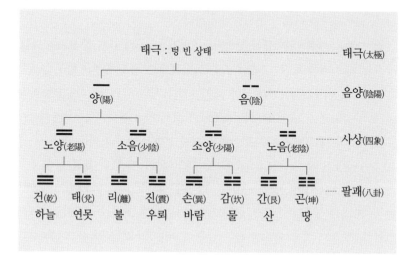

그러나 8개의 괘만 가지고 복잡한 우주 만사와 인간사를 모두 표현할 수 없다. 그래서 팔괘를 중첩하여 64개의 괘를 만들었다. 그러므로 하나의 괘는 6개의 음양이 조합되어 만들어진 것이다. 하나의 괘를 6개로 하나씩 분리했을 때 각각의 그것을 효(爻)라고 한다. 그리고 64개의 각 괘를 설명하는 괘사(卦辭)와 384개의 효를 설명하는 효사(爻辭)가 있다.

역은 64개의 괘를 설명하는 괘사, 각각의 효를 설명하는 효사 그리고 이해를 돕기 위해 공자가 보충했다고 하는 십익(十翼)이 있는데, 이것을 합해서 《주역》이라고 부른다.

십익은 공자가 역에 대해 부연 설명한 10개의 날개라고 생각하면 된다. 즉, 단전(彖傳) 상하, 상전(象傳) 상하, 계사전 상하, 문언전(文言傳), 설괘전(說卦傳), 서괘전(序卦傳), 잡괘전(雜卦傳)을 말한다.

3) 역의 용어 설명

《주역》에는 일반적으로 사용되지 않는 용어들이 많이 나온다. 그래서 이에 대한 간단한 이해가 선행되어야 한다.

소성괘는 8개의 기본 괘를 말한다. 대성괘는 8개의 괘가 중첩되어 만들어진 64개의 괘를 말한다. 효는 음양을 나타내는 최소 단위로 양은 '―'로 음은 '――'로 나타낸다. 효가 셋이 모이면 소성괘가 되고, 소성괘가 중첩되면 대성괘가 된다. 효의 순서는 식물이 땅에서 자라 올라가듯 아래에서 위로 올라가며 헤아린다. 즉, 맨 아래의 효를 초효(初爻)라고 하고, 이어서 이효(二爻)·삼효(三爻)·사효(四爻)·오효(五爻)라고 하며 맨 위의 효를 상효(上爻)라고 한다. 또한 양효는 구(九)로 음효는 육(六)으로 나타내기 때문에 괘의 맨 아래 효가 양이면 초구(初九)라고 하고, 음이면 초육(初六)이라고 한다. 그리고 맨 위의 효가 양이면 상구(上九), 음이면 상육(上六)이라고 한다. 중

〈괘의 명칭과 구조 : 건괘의 예시〉

대성괘	소성괘	효의 명칭	양효의 명칭	음효의 명칭
	외괘, 상괘	상효(上爻)	상구(上九)	상육(上六)
		오효(五爻)	구오(九五)	육오(六五)
		사효(四爻)	구사(九四)	육사(六四)
	내괘, 하괘	삼효(三爻)	구삼(九三)	육삼(六三)
		이효(二爻)	구이(九二)	육이(六二)
		초효(九爻)	초구(初九)	초육(初六)

건괘

효의 순서

간에는 구이(九二)·구삼(九三) 또는 육이(六二)·육삼(六三) 등으로 부른다. 대성괘의 경우 아래에 있는 괘를 내괘(內卦) 또는 하괘(下卦), 위에 있는 괘를 외괘(外卦) 또는 상괘(上卦)라고 한다.

각 괘에 있는 6개의 효는 음과 양에 따라 바른 위치가 있다. 즉, 양은 1, 3, 5번째의 홀수 위치에 있어야 하고, 음은 2, 4, 6번째의 짝수 위치에 있어야 바른 위치가 된다. 이렇게 음양이 제자리에 있는 것을 정(正)이라고 한다. 이 가운데서도 내괘와 외괘의 가운데 효가 정의 위치에 있는 것을 중정이라고 한다. 즉, 두 번째 효는 음, 다섯 번째 효는 양이 자리하고 있어야 중정이다.

예시

　건괘(乾卦) : 내괘[☰]와 외괘[☰]가 모두 양으로만 되어 있는 것으로 하늘을 나타낸다. 이 괘는 하늘을 가리키지만 군자가 하늘의 도를 본받아 질서 있는 삶을 살아야 하는 것을 의미한다. 이 괘를 얻은 사람은 앞으로 내려갈 일밖에 없다. 왜냐하면 이미 높은 상태에 도달했기 때문에 더 이상 올라갈 수 없고 오직 내리막길밖에 없다. 따라서 항상 조심하고 경계해야 한다.

　곤괘(坤卦) : 내괘[☷]와 외괘[☷]가 모두 음으로만 되어 있는 경우는 곤괘로 땅을 나타낸다. 땅이 만물을 포용하고 생성시키는 것처럼 군자는 덕을 쌓아 백성들을 포용하도록 노력해야 한다. 이 괘를 얻은 사람은 온순하게 자신을 지키고 겸양해야 모든 일이 순조롭게 된다.

　대축괘(大畜卦) : 외괘는 산[☶]이고, 내괘는 하늘[☰]이다. 즉 산 아래에 하늘이 있는 형상이다. 대축은 많이 쌓여서 풍성한 것을 말하는데, 산 속에 하늘이 담겨 있으니 기르는 것이 더욱 큰 형상이다. 군자가 이 형상을 보고 지나간 성현들의 언행을 많이 들어 자신의 덕을 기르는 것이다. 이 괘를 얻은 사람은 실력을 쌓도록 노력해야 한다.

《성학집요》에 나오는 주요 책

대학(大學)

《대학》은 유학의 목적과 정치의 근본에 대해 서술한 유학의 경전이다. 원래 《대학》은 증자(曾子, 공자의 제자)가 공자의 뜻을 전하고 그것을 다시 증자의 제자가 기록한 것이라고 전해지는데 지금으로서는 정확하게 어느 개인의 저술이라고 단언하기는 어렵다. 《대학》은 원래 《예기(禮記)》의 한 편에 불과했는데, 송나라 때 사마광(司馬光)이 처음으로 분리하여 하나의 책으로 만들면서 사서(四書)로 취급되었다. 현존하는 《대학》은 주자가 경(經) 1장과 전(傳) 10장으로 재구성한 것이다. 《대학》의 핵심은 앞에서도 설명한 삼강령과 팔조목이다. 따라서 대학을 읽을 때는 삼강령과 팔조목에 해당하는 개념을 분명하게 이해하는 것이 가장 중요하다.

논어(論語)

공자의 제자들이 공자의 언행을 기록한 책으로, 공자의 가르침은 물론 공자와 제자들의 대화 내용, 공자의 행동거지에 이르기까지 자세히 기록하고 있다. 전체가 20편으로 구성되어 있는데 내용에 따라 분류한 것이 아니다. 이것은 각 편의 제목을 가장 앞에 나오는 구절 가운데 두세 글자를 가지고 만들었다는 점에서도 알 수 있다. 《논어》는 배움에서 시작한다. 이는 한 개인의 완성은 바로 배움에서 시작한다는 것이며, 개인의 학문적 수양이 매우 중요하다는 것을 의미한다. 그리고 이 책의 마지막 문장은 지명[知命, 천명(天命)을 아는 것]을 통한 지인(知人, 사람을 아는 것)으로 마친다. 곧 세상의 운행 질서인 천명을 통해 사람이 사람으로서 살아가는 도리를 알고 사람을 아는 것에서 마침으로써, 내가 이 세상에서 홀로 살아가는 것이 아니라 다른 사람과 함께 살아 나가고 있음을 확인하는 것이라 할 수 있다. 이러한 점에서 공자의 사상은 현실적인 인간의 삶을 개선하는 데 초점이 맞춰져 있으며, 착한 인간의 본성에 기초한 인간 존재의 반성과 인간 주체의 확립에 있었다. 공자는 인(仁)의 실천에 바탕을 둔 개인적 인격의 완성과 예(禮)로 표현되는 사회 질서의 확립을 강조하면서 궁극적으로 도덕적 이상 국가를 지상에 건설하는 것을 꿈꾸었다.

맹자(孟子)

《맹자》는 맹자가 제자들 및 당시의 제후들과 대화한 내용을 중심으로 많은 이야기가 실려 있는데 《논어》에 비해 분량도 많고 문장도 길다. 모두 7편으로 구성되어 있고, 각 편은 상하로 되어 있다. 맹자는 주로 왕도 정치의 필요성과 정당성을 역설했는데 제자들이나 다른 사람과의 대화에는 주로 공자 사상의 정당성을 입증하려고 성선설을 주제로 한 대화가 많다. 맹자는 군주의 이익을 중심으로 국가를 운영하던 당시의 약육강식 논리를 거부하고 국가의 구성원들이 인과 의라는 가치를 중심으로 서로의 관계를 돈독하게 유지하는 인정의 실현, 곧 왕도 정치를 구현하는 것이 근본적인 대안이라고 주장했다.

26

중용(中庸)

《중용》은 《대학》과 마찬가지로 《예기》 속의 한 편이었지만 일찍부터 학자들의 주목을 받아 왔다. 공자의 손자인 자사(子思)가 공자의 사상을 정리한 것으로 알려져 있는 《중용》은 내용은 짧지만 다루는 내용이 추상적이기 때문에 사서 중 가장 어려운 문헌에 속한다. 《중용》은 전체가 33장으로 구성되어 있다. 중심 사상은 중용과 성(誠), 천명 등에 관한 것이다. 중용의 중(中)은 치우치지도 않고 기울지도 않아서 지나치거나 모자람이 없음을 일컫는다. 따라서 중은 최고의 준칙을 의미한다. 또 용(庸)은 평상(平常)이라는 뜻으로 평범과 일상을 뜻한다. 이는 인간이 실천해야 할 마땅한 도리, 곧 중도가 일상생활 속에 있는 것이지 멀리 있는 것이 아니라는 말이다. 다시 말하면 최고의 도덕 원리라고 할 중용의 도라는 것도 일상 속에서 실천하는 것이며 결코 실천하기 어려운 것이 아님을 밝힌 것이다. 《중용》에서는 인간의 존재 근거를 천지 자연에 두면서 인간과 천지 자연의 교감을 중요하게 본다.

시경(詩經)

《시경》은 2,500년 전 공자가 중국의 각 지방에서 유행했던 노래의 가사를 모아 놓은 것으로 유학의 경전이면서 또한 중국에서 가장 오래된 시가집(詩歌集)이다. 《시경》에는 모두 305편의 시가 실려 있다. 그렇기 때문에 흔히 《시경》을 '시 삼백(詩三百)', 또는 '삼백편'이라고 부르기도 했다. 《시경》의 내용은 크게 풍(風 또는 國風), 아(雅), 송(頌)의 세 부분으로 나뉘어 있다. 풍은 주(周)나라 시대 여러 제후들의 나라에 유행하던 민간의 가요를 모아 놓은 부분이고, 아는 주 왕조를 중심으로 한 중원(中原) 지역에 유행하던 음악을 모아 놓은 것이다. 대체로 소아(小雅)에는 조정에서 잔치를 할 때 부르던 노래의 가사들이 수록되어 있고, 대아(大雅)에는 조정의 의식(儀式)에 쓰이던 노래의 가사들이 기록되어 있다. 따라서 풍이 민가인 데 비해 아는 대부분이 사대부들의 작품이라 볼 수 있다. 송은 왕실에서 조상에게 제사 지낼 때 그들의 공덕을 기리던 노래 가사를 모아 놓은 것이다. 《시경》에는 주나라 때 각 지방에 유행하던 민요와 사대부 및 귀족·왕족 사이에 불리던 노래 가사가 실려 있으므로 다른 어떤 자료보다도 그 시대 사람들의 생활 감정이나 사회상을 잘 나타내고 있다. 곧 서민들이 살아가며 느끼던 기쁨과 즐거움 및 슬픔과 괴로움이 담겨 있고, 한편으로는 지배 계층의 교육·문화·정치 등 사회 각 방면에 걸친 의식도 잘 드러나 있다.

서경(書經)

《서경》은 상고(上古) 시대의 성왕(聖王) 요로부터 주나라에 이르기까지 여러 제왕들의 정치와 법률에 관한 발언과 행위를 기록한 책이다. 《서경》은 《시경》과 함께 가장 일찍 경서로서 정착된 문헌으로서 중국의 가장 오래된 산문집이다. 진(秦)나라 이전 시대에는 단지 서(書)라고 칭하다가 한(漢)나라 때부터는 상서(尙書)라고 불렀다. 《서경》에는 고대 이상 정치의 진면모, 집권자들의 선행과 아름다운 말, 신하들이 군왕에게 충고한 말, 군왕이 신하와 백성들에게 알리는 포고문 또는 서약·명령 등의 내용이 주로 실려 있다. 이처럼 《서경》은 정치와 도덕을 다루고 있으나 거의 모든 분야에 걸쳐 중국 고대 문화의 원류가 되는 책이다.

역경(易經)

《역경》의 본래 명칭은 역 또는 주역이었는데, 점서(占書)였던 것이 유학의 경전이 되면서 역경이라 불리게 되었다. 《역경》의 전체 구성은 본문에 해당하는 상하의 경문(經文)과 해설 부분인 십익으로 이루어져 있다. 상하의 경은 다시 육십사괘의 괘사와 효사로 이루어져 있는데, 이것의 작자에 대해서는 여러 가지 설이 있다. 보통 〈계사전〉에 근거하여 팔괘는 상(商)나라의 복희씨(伏羲氏)가 황하(黃河)에서 나온 용마(龍馬)의 등에 있는 도형(圖形)을 보고, 위로는 천문(天文), 아래로는 지리(地理), 중간으로는 만물의 각기 마땅한 바를 살려서 천지 만물의 모든 현상과 형태를 상징한 것이라 한다.

《역경》의 기본 사상은 천도를 미루어 인사를 밝히는 것이다. 중국 고대에는 자연과 인간의 법칙을 구별하지 않았다. 곧 인사의 법칙은 자연의 법칙에서 오는 것이므로 인간이 자연의 법칙에 순응하는 것은 길(吉)하다고 하고, 그것을 거스르는 것은 흉(凶)하다고 생각했다. 《역경》의 육십사괘 삼백팔십사효는 한편으로는 음양의 소장(消長), 곧 소멸과 생장이라는 자연의 변화를 나타내는 것이며, 또 한편으로는 인간의 모든 경우를 나타내는 것이다.

예기(禮記)

《예기》는 주나라 말부터 진한 시대(秦漢時代)까지 여러 유학자들의 옛 예법에 관한 학설들을 모아 놓은 것으로, 일명 소대례(小戴禮 또는 小戴禮記)라고 한다. 예경(禮經)이라고 하지 않고 예기라고 한 것은 예(禮)에 관한 기록 또는 주석(註釋)이라는 뜻을 나타낸다. 《예기》는 유학에서 말하는 예치주의(禮治主義, 격식과 예로 다스리는 것)를 강조한 책으로 중시되었으며, 그 영향은 《주례(周禮)》나 《의례(儀禮)》보다 더욱 큰 것이었다. 곧 《예기》는 중국 전국(戰國)·진한 시대의 유학 사상이나 사회 사상을 연구하는 데에 있어서도 필독서며, 유학의 예치주의와 예 중시 사상을 아는 데에도 기본이 되는 책이다. 《예기》는 우리나라에서도 오래전부터 다른 경전들과 함께 도입되었고 특히 조선 시대에는 유학이 국가 이념으로 자리 잡으면서 우리의 생활 문화에도 지대한 영향을 미쳤다.

춘추(春秋)

《춘추》는 공자가 지은 최초의 편년체(編年體, 역사적 사실을 연대순으로 기록하는 역사 서술 방법) 역사서로, 춘추시대(春秋時代) 노(魯)나라 은공(隱公) 원년(기원전 722년)부터 애공(哀公) 14년(기원전 481년)에 이르는 12공 242년간의 역사를 기록하고 있다. 춘추라는 것은 춘하추동(春夏秋冬)을 줄인 말로 1년간이란 뜻을 지니고 있으며 연대기(年代記)를 의미한다. 따라서 《춘추》는 본래 노나라의 사관(史官)이 기록한 궁정 연대기(宮廷年代記)였는데, 여기에 공자가 독자적인 역사 의식과 가치관을 가지고 더하거나 빼서 구성했다. 《춘추》는 경문이 지극히 간략하여 원뜻을 파악하기가 쉽지 않았으므로, 전국시대에 공양고(公羊高)·곡량적(穀梁赤)·좌구명(左丘明) 3인(三人)이 전(傳)을 지어 그 의미와 내용을 보완했다. 이들이 지은 《공양전(公羊傳)》·《곡량전(穀梁傳)》·《좌씨전(左氏傳)》을 흔히 춘추 삼전(春秋三傳)이라고 하며 그중에서도 《춘추 좌씨전》이 가장 널리 알려져 있다.

주례(周禮)

《예기》, 《의례》, 《주례》를 삼례(三禮)라고 한다. 그 가운데 《주례》는 주왕조의 통치 조직, 관직의 서열 등의 관제에 관한 기록으로, 예에 관한 책이라기보다는 오히려 법제에 관한 책이라고 볼 수 있다. 그런데 법제의 기록에 예라는 명칭이 부여된 것을 보면 예라는 말이 가리키는 범위가 고대에는 매우 넓었음을 알 수 있다.

사기(史記)

《사기》는 한나라 무제 시대에 사마천(司馬遷)이 저술한 역사서다. 《사기》는 사마천의 아버지가 기술하기 시작해서 자식이 완성한 특이한 내력을 가진 책이기도 하다. 이 책은 중국 역사의 시작부터 사마천이 살았던 한나라 무제 때까지 약 2,500년의 역사를 기록한 중국 최초의 통사(通史, 시대를 한정하지 않고 전 시대와 전 지역에 걸쳐 역사적 줄거리를 서술한 역사)다. 《사기》는 모두 130편으로 구성되어 있으며, 본기(本紀), 표(表), 서(書), 세가(世家), 열전(列傳)의 체제로 되어 있다. 본기는 제왕들의 정치 행적을 연대순으로 기록한 것이다. 표는 연표를 말하며, 서는 국가의 제도와 규범을 정리한 것이고, 세가는 제후와 중요한 지위에 있던 사람들의 내력과 일화를 기록한 것이고, 열전은 다양한 인물들의 전기를 기록한 것이다. 열전은 전체에서 가장 큰 비중을 차지하고 있으며 사마천이 심혈을 기울인 부분이다. 사마천은 선비로서는 치욕적인 궁형까지 당하면서도 이 책을 완성하고자 했다. 그런 만큼 한 인간의 간절한 소망과 역사적 사명이 진솔하게 담겨 있다.

주자대전(朱子大全)

중국 송나라 때의 성리학자인 주희의 글을 모아 편찬한 것으로 원 제목은 《회암선생 주문공 문집(晦庵先生朱文公文集)》이다. 원집은 주자의 아들이 편찬하고 별집은 여사로(余師魯)가 편찬했으며, 속집은 편자 미상이다. 《주자대전》에는 《근사록(近思錄)》, 《가례(家禮)》 등 단일 저술을 제외한 주자의 저술 대다수가 실려 있어 주자의 학문을 연구하는 가장 중요한 자료다.

창려문집(昌黎文集)

당송 팔대가의 한 사람인 한유의 문집이다. 한유의 자는 퇴지(退之)요 시호는 문공인데, 창려 출생이었다. 3세에 고아가 되어 형수의 손에서 길러졌는데, 독학으로 육경(六經)과 제자백가(諸子百家)의 학문을 공부했다. 이백과 두보를 흠모하여 호방한 시를 쓴 문인이지만, 유학을 따르고 불교와 도교를 배척하여 성리학의 시작을 열어 준 인물이다. 그의 출생지를 따서 창려문집이라고 이름 지었으며, 《창려선생집》이라고도 한다.

정몽(正蒙)

장재가 저술한 책이다. 장재는 횡거 선생으로 잘 알려져 있는데 송나라 때 다섯 현자 중 한 사람이다. 정몽이란 어리석음을 바로잡는다는 뜻이다. 《정몽》은 모두 17편으로 구성되어 있으며, 장재의 사상을 엿볼 수 있는 가장 중요한 책이다. 장재는 병법과 자연 과학에도 관심이 많았다. 그의 사상은 기를 중심으로 하는 유물론적 경향이 강하다. 따라서 기를 가지고 인간 사회를 설명하고자 했다. 《정몽》은 앞부분에서는 기의 우주론에 대해서 설명하고 있으며, 중간 부분은 기의 인식론과 지식론에 대해서 설명하고 있다.

율곡이 작성한 《성학집요》 목록도

제1편 통설(通說)	통설(通說)	
제2편 수기(修己)	수기 상(修己上)	1. 총론(總論)
		2. 입지(立志)
		3. 수렴(收斂)
		4. 궁리(窮理)
	수기 중(修己中)	5. 성실(誠實)
		6. 교기질(矯氣質)
		7. 양기(養氣)
		8. 정심(正心)
		9. 검신(檢身)
	수기 하(修己下)	10. 회덕량(恢德量)
		11. 보덕(輔德)
		12. 돈독(敦篤)
		13. 수기공효(修己功效)
제3편 정가(正家)	정가(正家)	1. 총론(總論)
		2. 효경(孝敬)
		3. 형내(刑內)
		4. 교자(敎子)
		5. 친친(親親)
		6. 근엄(謹嚴)
		7. 절검(節儉)
		8. 정가공효(正家功效)
제4편 위정(爲政)	위정 상(爲政上)	1. 총론(總論)
		2. 용현(用賢)
	위정 하(爲政下)	3. 취선(取善)
		4. 식시무(識時務)
		5. 법선왕(法先王)
		6. 근천계(謹天戒)
		7. 입기강(立紀綱)
		8. 안민(安民)
		9. 명교(明敎)
		10. 위정공효(爲政功效)
제5편 성현도통(聖賢道統)	성현도통(聖賢道統)	

| 일러두기 |

1. 이 책은 《율곡전서(栗谷全書)》에 있는 《성학집요》를 기본 텍스트로 하고, 《국역 율곡전서 (Ⅴ)》(정신문화연구원, 1985)를 참고하였다.
2. 이 책의 큰 흐름은 《성학집요》의 원래 구성을 따르되, 원전에서 중요하다고 판단되는 내용을 중심으로 부분적으로 재구성하였다.
3. 개념어를 제외한 원문은 가능한 한 쉽게 풀어썼고, 전체 흐름을 벗어나지 않는 범위에서 생략하기도 하였다. 또한 해설이 필요한 부분은 별도의 설명을 첨가했다.
4. 부호는 다음과 같이 구별하여 사용하였다.
   ◎ … 율곡이 인용한 경전의 내용
   ○ … ◎에 담긴 내용에 대한 선현들의 해설
   ✦ … 율곡이 인용한 경전 내용에 대한 풀어쓴 이의 설명

《성학집요》 서문

《성학집요》 서문

　제가 살펴보건대, 도(道)라는 것은 오묘하여 형체가 없기 때문에 글로써 도를 표현하는 것입니다. 사서와 육경이 이미 분명하고 잘 갖추어져 있으므로 글을 통해 도를 구하면 이치가 드러나지 않음이 없을 것입니다. 다만 모든 책을 보기에는 너무 많고 아득해서 요점을 찾기가 어려운 것이 걱정입니다. 그런데 선현들이 《대학》을 정리하여 체계를 세우셨으니 성현의 수많은 교훈이 이 속에 들어 있습니다. 이것이 바로 요점을 찾는 방법입니다.

　서산 진씨[송나라 때 진덕수(眞德秀)를 말함. 서산은 그의 호다.]가 이 책을 받들고 넓혀서 《대학연의(大學衍義)》를 저술하면서 경전과 역사책을 널리 인용했습니다. 그리하여 학문을 하는 근본과 통치를 베푸는 차례가 분명하게 조리를 갖추었으며, 임금의 몸에 중심을 두었으니 진실로 제왕이 도에 입문하는 지침서입니다. 다만 분량이 너무 많고 문장이 방만하여 마치 일을 기록한 책 같을 뿐 실제적인 학문의 모습은 갖추지 못한 것 같습니다. 그래서 이 책은 진실로 아름답기는 하지만 모두 좋다고 할 수는 없습니다.

학문이란 진실로 폭넓게 해야 하는 것이므로 지름길로 가서는 안 됩니다. 다만 배우는 사람이 나아갈 방향을 정하지 못하거나 마음을 견고하게 세우지 않은 채 오직 넓히는 데만 힘을 쏟는다면 마음이 흔들려 취사선택을 정밀하게 하지 못하거나 또는 갈피를 잡지 못하여 진실을 잃을 수가 있습니다. 그러므로 반드시 먼저 요점을 찾고 확실하게 방향을 정한 다음에 널리 배우면 종류에 따라서 성장하게 될 것입니다.

하물며 임금의 몸은 모든 일이 집중되는 곳이기 때문에 일을 처리하는 데 시간이 많이 들고 독서할 시간은 부족합니다. 만약 요점을 취하거나 중심이 되는 뜻을 정하지 않고 오직 넓히는 데 힘을 쓴다면 기억하고 외우는 습관에 빠지거나 혹은 문장의 화려함에 빠져, 이치를 연구하고 마음을 바르게 하며 자신을 닦고 남을 다스리는 도는 터득할 수 없을 것입니다.

저는 볼품없는 선비지만 좋은 시절을 타고났다고 생각됩니다. 전하의 총명함과 지혜로움을 우러러 바라보니 성군이 될 천부적인 자질을 타고난 것 같습니다. 진실로 학문에 전념하여 함양하고 성취하여 기량을 채우신다면 우리나라에서 요임금·순임금의 정치를 볼 수 있을 것입니다. 천년에 한 번 만날 수 있는 이 기회를 놓쳐서는 안 됩니다. 돌아보건대 저는 경박하고 재주도 없으며 소홀하고 갈피를 잡지 못하고 학문도 부족합니다. 임금에 대한 정성은 비록 간절하지만 충성을 다할 길이 없습니다.

가만히 생각해 보니 《대학》은 본래 덕에 들어가는 입문서입니다. 그런데 진덕수의 《대학연의》는 오히려 간결하지 못합니다. 진실로 《대학》의 취지를 모방하여 차례를 나누고, 성현의 말을 정밀하게 선택하여 그 내용을 채우고, 글의 목차를 자세히 밝혀 말은 간략하되 이치를 극진하게 하면, 요점을 얻는 방법이 바로 여기에 있을 것이라 여겨집니다.

이것을 임금께 바치면 저의 미미하기 짝이 없는 충성이 옆 사람들로부터 비웃음을 받을 것입니다. 그러나 비록 반딧불이나 촛불의 빛일지라도 임금의 총명함에 도움이 될 것입니다. 이에 다른 공부를 멈추고 오로지 요점을 잡는 데 전념하여 사서 육경과 선배 학자의 학설, 그리고 역대의 역사서까지 널리 찾아서 중요한 것만을 골라 모아서 차례를 나누었습니다. 번거로운 것은 줄이고 요점만을 간추려 깊이 생각하고 반복하며 바로잡아 2년에 걸쳐 완성했는데 모두 다섯 편입니다.

제1편을 통설이라 한 것은 자신을 닦는 수기와 남을 다스리는 치인(治人)을 합해서 말했기 때문입니다. 즉《대학》에서 말하는 명명덕, 신민, 지어지선에 해당합니다.

제2편은 수기라고 했는데, 《대학》의 명명덕에 해당하며 13개의 조목으로 되어 있습니다. 1장은 총론(總論)이며, 2장은 뜻을 확립하는

입지(立志), 3장은 마음을 단속하는 수렴(收斂)이라 했습니다. 이것들은 방향을 정하고 잃어버린 마음을 찾아서 《대학》의 기본을 세우는 것입니다. 4장은 이치를 찾는 궁리(窮理)라고 했는데, 《대학》의 격물·치지에 해당합니다. 5장은 성실(誠實)이고, 6장은 기질을 교정하는 교기질(矯氣質)이요, 7장은 맑고 깨끗한 기운을 기르는 양기(養氣)요, 8장은 마음을 바르게 하는 정심(正心)인데 《대학》의 성의·정심에 해당합니다. 9장은 몸을 단속하는 검신(檢身)으로 《대학》의 수신에 해당합니다. 10장은 덕을 넓히는 회덕량(恢德量)이요, 11장은 덕을 보충하는 보덕(輔德)이요, 12장은 처음부터 끝까지 두텁게 하라는 돈독(敦篤)인데 거듭 반복해서 성의·정심·수신의 남은 뜻을 논하고 있습니다. 13장은 효과를 논한 부분인데 수기가 지선에 머무는 것을 논한 것입니다.

제3편은 정가, 제4편은 위정이라 했는데 곧 《대학》에서 말하는 신민입니다. 정가는 제가를 말하고, 위정은 치국과 평천하를 말합니다.

정가는 8개의 조목으로 나뉘어 있습니다. 1장은 총론이요, 2장은 효와 공경에 대해서 논한 효경(孝敬)이요, 3장은 아내를 바르게 하라는 형내(刑內)요, 4장은 자식을 바르게 가르치는 교자(敎子)요, 5장은 친친(親親)인데 이는 부모에게 효도하고 아내와 자식에게 모범이 되며 형제 사이에 우애하는 도리를 말한 것입니다. 6장은 조심해서 엄격하게 행동하라는 근엄(謹嚴)이요, 7장은 절약하고 검소하라는 절검

(節儉)인데 미진한 뜻을 미루어 부연 설명한 것입니다. 8장은 효과를 말한 것이니 곧 제가가 지선에 머무는 것을 논한 것입니다.

위정은 10개의 조목으로 나뉘어 있습니다. 1장은 총론이요, 2장은 어진 사람을 등용해야 한다는 용현(用賢)이요, 3장은 좋은 것을 취하라는 취선(取善)입니다. 이것들은 곧 《대학》에서 말하는 "어진 사람만이 사랑하고 미워할 수 있다."라는 뜻을 말한 것입니다. 4장은 그때그때 처리해야 할 일을 알아야 한다는 식시무(識時務)요, 5장은 선왕을 본받아야 한다는 법선왕(法先王)이며, 6장은 하늘이 내려 준 계율을 지키라는 근천계(謹天戒)입니다. 이것들은 곧 《대학》에서 인용한 "마땅히 은나라를 거울삼아야 한다. 큰 명은 보존하기가 쉽지 않다."라는 뜻입니다. 7장의 기강을 세워야 한다는 입기강(立紀綱)은 《대학》에서 말한 "국가를 소유한 사람은 삼가지 않을 수 없으니, 편벽되면 세상 사람들에게 죽임을 당할 것이다."라는 뜻입니다. 8장은 백성을 편안하게 하는 안민(安民)이요, 9장은 교화를 밝히는 명교(明敎)인데 《대학》의 이른바 "군자는 자신의 마음을 미루어 남의 마음을 헤아리는 도리[혈구지도(絜矩之道)]가 있으니, 백성들이 효도하고 공손하며 배반하지 않는다."라는 뜻입니다. 10장은 효과로써 결론을 지은 것인데, 치국과 평천하가 지선에 머무는 것을 논한 것입니다.

제5편은 성현도통(聖賢道統)이라 했는데, 이것은 《대학》이 완성되기까지의 사실적인 자취를 말한 것입니다. 모두 합하여 《성학집요》라

고 이름을 지었습니다. 도를 전하는 책임을 전하에게 바라는 것으로 결론을 지었지만 결코 지나친 말은 아닐 것입니다.

전하께서는 500년마다 성인이 나온다는 그 시기에 해당하고(《맹자》
〈진심 하〉에 나오는 말로 맹자가 공자 사후 500년에 해당되기 때문에 스스로 성인이
될 가능성이 있음을 비유했는데, 율곡은 선조가 바로 이에 해당된다는 의미로 이야
기했다.), 임금의 지위에 있으시면서 착한 것을 좋아하는 지혜와 욕심
을 줄이는 어진 마음과 일을 결단하는 용기를 가지고 있습니다. 그러
므로 진실로 처음부터 끝까지 학문에 힘쓰고 멈추지 않는다면 막중
한 책임을 견뎌 내셔서 원대한 꿈을 이룰 수 있을 것입니다.

다만 제가 견문이 넓지 못하고 아는 것이나 생각하는 것이 투철하
지 못하여 차례를 갖추는 데 순서를 잃은 것이 많습니다. 그러나 제
가 인용한 성현의 말은 모두 천지에 세워도 어긋나지 않고, 귀신에게
물어봐도 의심되는 것이 없으며, 미래의 성인을 기다려도 의혹이 없
을 것입니다. 제가 차례를 잘못 나누었다고 해서 성인의 가르침을 가
볍게 여겨서는 안 될 것입니다. 간혹 제가 터득한 학설을 그 사이에
삽입했지만 이 역시 모두 성현의 가르침을 고찰하고 그것에 의거해
서 글을 완성한 것입니다. 감히 방자하게 분별없는 말을 해서 중심이
되는 뜻을 잃게 하지 않았습니다.

저는 여기에 온 힘을 다 쏟았습니다. 만일 임금께서 항상 책상 앞
에 두고 살펴보신다면 하늘의 덕[천덕(天德)]과 왕도(王道)의 학문에 다

소 도움이 될 것입니다.

이 책은 비록 임금의 학문에 중점을 두었지만 실제로는 윗사람이나 아랫사람 모두에게 통하는 것입니다. 배우는 사람 가운데 넓게 보고 가득 넘치면서도 마지막 도달 지점을 찾지 못하는 사람은 마땅히 이것을 공부하여 반성하고 요약하는 방법을 터득해야 합니다. 또한 학문을 하지 못하여 늘 소견이 좁거나 견문이 좁은 사람은 마땅히 이것에 힘을 써서 공부하고자 하는 방향을 정해야 합니다. 배우는 데 빠르고 늦음이 있을 수 있지만 모두 유익할 것입니다.

이 책은 사서와 육경을 배우기 위한 계단이며 사다리입니다. 만약 부지런히 노력하기를 싫어하고 간편한 것만을 편안하게 여겨 학문의 이룸을 여기에서 멈추려고 생각해서는 안 됩니다. 이 책은 문 앞의 뜰을 찾는 정도일 뿐 집 안에는 들어가지 못한 것입니다. 그리고 그렇게 하는 것은 제가 이 책을 만들고 엮은 의미도 아닙니다.

만력 3년 을해(乙亥, 선조 8년) 가을 7월 16일에 통정대부(通政大夫) 홍문관(弘文館) 부제학(副提學) 지제교(知製敎) 겸 경연참찬관(經筵參贊官) 춘추관수찬관(春秋館修撰官) 이이(李珥)는 머리를 조아려 절하고 삼가 서문을 씁니다.

제1편

통설(通說)_《성학집요》에 대한 개괄

제1편
통설(通說) - 《성학집요》에 대한 개괄

제1편은 《성학집요》 전체를 일관하는 사상의 핵심을 제시하고 있다. 앞의 서문에서도 제시했지만 율곡은 《성학집요》 전체의 구성을 《대학》의 핵심적인 내용을 중심으로 《논어》, 《중용》을 비롯한 유학의 중요 서적들을 인용하고 참고하여 날줄, 씨줄로 엮었다. 따라서 율곡은 《대학》의 팔조목 내용 가운데 수신·제가·치국·평천하를 큰 틀로 생각하고 그 큰 틀 속에 《대학》이나 《중용》뿐만 아니라 유학의 중심 경전이나 사상가들의 말을 적절하게 배열한 것이다. 다시 말하자면 통설·수기·정가·위정·성현도통이라는 다섯 편 가운데 수기·정가·위정을 중심에 놓고 각 편마다 여러 개의 장을 나누어 구체적인 내용을 다루고 있다.

율곡이 이렇게 구성한 이유는 제왕에게 중요한 것은 자신의 몸을 닦고 집안을 바르게 하고 정치를 올바르게 이끄는 것, 이 세 가지라고 보았기 때문이다. 제왕에게는 학자들처럼 깊이 있게 연구하기 위해 모든 경전이나 학설을 읽을 시간이나 여유가 없었을 것이다. 따라서 그 중심적인 내용을 요약하고 정리해서 일목요연하게 제시하려고 했던 것이다.

통설편은 이 전체를 이루는 유학의 핵심적인 사상을 드러낸 곳이다. 그래서 경전도 《대학》과 《중용》의 첫 장을 인용하고 있다. 《중용》에서 말하는 기본 개념인 성(性)·도(道)·교(敎)와 중(中)·화(和), 그리고 《대학》에서 말하는 명명덕·신민·지어지선의 삼강령과 격물·치지·성의·정심·수신·제가·치국·평천하의 팔조목을 다룬다.

성현의 말씀에는 횡으로 말하거나 종으로 말하면서도 한마디 말로 본체와 작용을 끝까지 다 말한 것도 있고, 여러 번 반복해서 말했어도 단지 하나의 단서만을 논한 것도 있습니다. 이제 본체와 작용에 대해 모두 말한 것만을 골라서 제일 첫 편을 만들었습니다.

◎ 하늘이 명한 것을 본성[性]이라 하고, 본성을 따르는 것을 도(道)라 하고, 도를 닦는 것을 교(敎)라 한다.

도라는 것은 잠시도 사람들을 떠날 수 없는 것이니 떠날 수 있다면 도가 아니다. 그러므로 군자는 남이 보지 않는 곳에서도 경계하고 삼가며, 남이 듣지 않는 곳에서도 두려워하는 것이다. 숨은 것보다 더 잘 보이는 것이 없으며, 작은 것보다 더 잘 드러나는 것이 없다. 그러므로 군자는 홀로 있을 때 삼가는 것이다.

기뻐하고 성내고 슬퍼하고 즐거워하는 감정이 아직 드러나지 않은 상태를 중(中)이라 하고, 드러나서 모두 절도에 맞는 것을 화(和)라고 한다. 중이란 천하의 큰 근본이요, 화란 천하의 공통된 도다. 중과 화를 완성하면 천지가 제자리로 돌아가고 만물이 제대로 길러진다.　　　　　　　　　　　　　　　　　　－《중용》

○ 이에 대해 주자는 이렇게 말했다. "하늘이 음양과 오행으로 만물을 낳고 변화시키는데 기(氣)로써 형체를 이루고 여기에 또한 이(理)를 부여한다. 이것은 마치 하늘이 명령하는 것과 같다. 이런 원리를 따라

서 사람과 사물이 생겨날 때 각각 그 부여받은 이를 통해 양과 음의 이치, 인·의·예·지·신 오상(五常)의 덕이 되니, 이것이 이른바 성이다.

사람과 사물이 각각 그 본성의 자연스러운 원리에 따르면 항상 일상에서 작용하는 가운데 각각 마땅히 해야 할 길이 있으니 이것이 도다.

닦는다는 것은 품격과 절도를 갖추는 것이다. 비록 성과 도가 같다고는 하나 혹 기품이 다를 수 있다. 그러므로 지나치거나 미치지 못하는 차이가 생길 수 있으니 성인이 사람과 사물의 마땅히 해야 할 도리에 그 품격과 절도를 갖추게 해서 천하의 법으로 삼았다. 이것을 교라하는데 예절·음악·형벌·정치 따위가 이것이다.

기뻐하고 성내고 슬퍼하고 즐거워하는 것은 정(情)이고, 정이 아직 드러나지 않은 것은 성이다. 치우치거나 기울어짐이 없는 상태이기 때문에 중이라고 하고, 드러나서 모두 절도에 맞는 것은 정이 바르게 나타난 것이니 어긋나지 않고 업신여기지 않아서 화라고 한다. 마음은 몸의 주재자이며 동정(動靜, 움직임과 고요함)의 틈새(차이)가 없다. 고요함 속에서는 아직 사물과 닿지 않고 생각이 싹트지 않아서 하나의 본성이 뒤섞여 있고 도의가 완전히 갖추어지니 이른바 중이다. 이것이 마음의 본체이며 고요함 속에서 움직이지 않는 것이다. 움직임 속에서는 사물이 서로 닿게 되고 생각이 싹터서, 칠정이 서로 작용하고 각기 그 주재하는 바를 따르니 이것이 화다. 이것이 마음의 작용이며 감응하고 통하게 되는 것이다."

✤ 천명이란 하늘의 뜻, 즉 하늘의 의지인데, 하늘의 의지는 우주 만물뿐만 아니라 인간의 내면에도 들어와 본성을 이룬다. 따라서 인간의 본성은 하늘을 본받아 순수하고 착한 것이 그 모습이다. 우주 만물은 모두 그 본성에 따라 마땅히 지켜야 하는 길이 있는데 그것을 도라고 한다. 그러므로 인간이 자신의 본성에 따라 살아가는 것이 가장 인간다운 삶이고 이것을 인간의 도리[人道]라고 부르는 것이다. 그런데 인간은 사회 속에서 살기 때문에 욕심이 생기고 마음에 먼지가 쌓여서 심지어는 악행을 저지르기도 한다. 이런 욕심을 제거하기 위한 과정이 바로 교육이며 그것은 성인들이 알려 준 사회의 법도다. 그러므로 인간은 한순간도 인간의 도리를 벗어나려고 해서는 안 되고, 그 도리는 바로 일상생활 속에 있다는 것이다.

인간의 감정은 인간의 본성에서 나온 것으로 감정을 드러내기 전의 상태를 본성이라 할 수 있다. 인간의 감정 가운데 대표적인 것만을 말할 때 희로애락(喜怒哀樂)이라고 하는데, 이러한 감정은 원래 좋고 나쁨이 없는 중간의 상태다. 그런데 감정이 드러나게 되면 여러 가지 형태가 나타나게 된다. 감정이 품격과 절도를 갖추어 잘 조절되면 조화롭고 좋지만 조절되지 않으면 악하게 나타난다. 따라서 감정이 드러나기 전의 선악이 없는 중간 상태를 바르게 알고, 감정이 드러났을 때는 절제하여 조화를 이루도록 노력해야 한다. 그래서 치우치거나 기울어지지 않은 중용의 상태를 유지하고 감정을 잘 조절하여 화합하는 것이야 말로 천지와 만물을 제자리로 이끄는 길이며 천지와 만물을 바르게 길러주는 길이다.

◎ 《대학》의 도리는 인간이 본래부터 타고난 밝은 덕을 밝히는 데 있고, 백성을 새롭게 하는 데 있으며, 지극히 선한 곳에 머무르는 데 있다. ─《대학》

◎ 옛날에 밝은 덕을 온 세상에 밝히고자 하는 사람은 먼저 자기의 나라를 다스리고, 자기 나라를 다스리고자 하는 사람은 먼저 자기 집안을 가지런하게 하고, 자기 집안을 가지런하게 하고자 하는 사람은 먼저 자기 몸을 닦고, 자기 몸을 닦고자 하는 사람은 먼저 자기 마음을 바르게 하고, 자기 마음을 바르게 하고자 하는 사람은 먼저 자신의 뜻을 정성되게 하고, 자신의 뜻을 정성되게 하고자 하는 사람은 먼저 자신의 앎을 극진하게 한다.

앎을 극진하게 하는 방법은 사물의 이치를 연구하는 데 있다. 사물의 이치가 연구된 다음에 앎이 지극해지고, 앎이 지극해진 다음에 뜻이 정성스러워지며, 뜻이 정성스러워진 다음에 마음이 바르게 되고, 마음이 바르게 된 다음에 몸이 닦여지고, 몸이 닦여진 다음에 집안이 가지런해지고, 집안이 가지런해진 다음에 나라가 다스려지고, 나라가 다스려진 다음에 온 천하가 평안해진다.

─《대학》

성현의 학문은 자신을 닦는 수기와 남을 다스리는 치인에 불과합니다. 이제《중용》과《대학》첫 장의 글을 모아서 엮으니 진실로 서로 겉과 속이 되어 수기치인의 도리가 모두 갖추어지지 않음이 없습니다.

하늘이 내려 준 본성은 명덕이 갖추어진 것이고, 본성을 따르는 도는 명덕이 실행되는 것이며, 도를 수양하는 가르침은 백성을 새롭게 하는 법도입니다. 경계하고 두려워한다는 것은 고요하게 보존하고 마음을 바르게 하는 것이며, 홀로 있음을 삼간다는 것은 행동을 살피고 뜻을 성실하게 하는 것입니다. 중과 화를 완성하면 천지가 제자리에 있고, 만물이 제대로 길러진다는 것은 덕을 밝히고 백성을 새롭게 하여 지선의 경지에 이르고 천하에 명덕을 밝히는 것을 말합니다. 다만 도달하는 데 많고 적음이 있고 효과에 넓고 좁음이 있습니다.

치중화(致中和, 중과 화를 극진하게 하는 것)의 공이 한 집안에 그치면, 한 집안의 천지가 제자리를 얻게 되고 만물이 제대로 길러져 한 집안에 명덕이 밝혀질 것입니다. 이것이 한 나라에 그치면, 한 나라의 천지가 제자리를 얻게 되고 만물이 제대로 길러져 한 나라에 명덕이 밝혀질 것입니다. 이것이 천하에 이르면, 천하의 천지가 제자리를 얻게 되고 만물이 제대로 길러져 천하에 명덕이 밝혀질 것입니다. 하(夏)·은(殷)·주 삼대(三代) 이후에 한 집안이 제자리를 찾고 제대로 길러진 경우는 세상에 간혹 나타났지만 한 나라와 천하가 제자리를 찾고 제대로 길러졌다는 것은 거의 듣지 못했습니다. 그렇기 때문에 전하께 깊이 바라는 것입니다.

제**2**편

수기(修己)_자신을 수양하라

제2편
수기(修己) - 자신을 수양하라

제2편은 모두 13장으로 구성되어 있다. 그중 1장에서 4장까지를 상, 5장에서 9장까지를 중, 10장에서 13장까지를 하로 나누어 상중하로 다시 분류하고 있다. 실질적인 내용은 2장에서 12장까지 11개의 장에 담겨 있으며 1장은 도입 부분, 13장은 수기를 이룰 때의 효과를 다루고 있다. 이를 정리하면 다음과 같다.

위대한 성군이 되기 위해서 가장 먼저 해야 할 일은 바로 자신을 바르게 닦는 것이다. 자신이 바르게 선 다음에 다른 사람을 가르치고 인도할 수 있기 때문이다. 수신은 모든 사람에게 공통된 것으로 가장 기본이 되는 것이다. 율곡이 수기를 가장 앞에 둔 것도 바로 이러한 이유 때문이다.

《대학》에서 말하기를 "천자에서부터 일반 서민에 이르기까지 모두 다 몸을 닦는 것을 근본으로 삼아야 한다. 근본을 어지럽히고 말단을 다스리는 사람은 없다."라고 했습니다. 그러므로 제왕의 학문에서 몸을 닦는 것보다 중요한 것은 없습니다.

1. 총론(總論)

◎ 군자는 덕성을 높이고 학문을 연마하는데, 넓고 큰 것을 이루고 정밀하고 작은 것을 극진하게 하며, 높고 밝은 것을 지극하게 하고 중용을 실천하며, 옛것을 익히고 새로운 것을 알며, 두터움을 돈독히 하여 예를 높여야 한다. -《중용》

◎ 공자가 말했다. "군자가 널리 글을 배우고 예를 가지고 요약한다면 또한 도에 어긋나지 않을 것이다." -《논어》

수기의 공부는 거경(居敬, 공경하는 마음으로 있는 것)과 궁리(窮理, 이치를 연구하는 것)와 역행(力行, 힘껏 실천하는 것)의 세 가지에서 벗어나지 않습니다. 이 장에서는 실마리만 간략하게 밝혔고 상세한 것은 아래에 있습니다.

2. 입지(立志)-뜻을 세워라

학문을 할 때는 뜻을 세우는 것보다 중요한 것이 없으므로, 뜻이 서지 않고 공부를 완성할 수 있는 사람은 없습니다. 그러므로 수기의 조목 가운데 뜻을 세우는 입지를 가장 앞에 둔 것입니다.

입지에 대한 총론

◎ 공자가 말했다. "도에 뜻을 두어야 한다."   -《논어》

◎ 맹자는 인간의 본성이 선하다는 성선(性善)을 말할 때마다 반드시 요임금과 순임금을 들어서 말했다.   -《맹자》

○ 이에 대해 주자는 이렇게 설명했다. "본성은 사람이 하늘로부터 받아서 태어나는 이치인데, 지극히 착해서 악한 것이 없다. 사람은 본래 고대의 성인인 요임금·순임금과 조금도 다르지 않다. 다만 보통 사람은 사사로운 욕심에 빠져서 착한 성품을 잃었고, 요임금·순임금은 사사로운 욕심에 가리우지 않아서 착한 성품을 넓힐 수 있었던 것이다. 그러므로 맹자는 인간의 본성은 착하다고 말하면서 요임금·순임금을 들어서 실제의 증거로 삼았다. 이를 통해 인과 의는 밖에서 구하는 것이 아니며 배우면 누구나 성인이 될 수 있다는 것을 깨닫게 해서 노력하는 데에 게으르지 않도록 경계한 것이다."

◎ 안연(顔淵, 공자의 제자)이 말했다. "순임금은 어떤 사람이고 나는 어

떤 사람인가? 하려는 의욕이 있는 사람이면 순임금과 똑같이 될 것
이다."
-《맹자》

입지에 필요한 조목

◎ 장횡거가 말했다. "천지를 위하여 마음을 세우고 백성을 위해 도를
세우며, 지나간 성인을 위해 끊어진 학문을 계승하고 만세를 보존
하기 위해 태평성대를 연다."
-《횡거문집(橫渠文集)》

입지의 효과

◎ 공자가 말했다. "인(仁)이 멀리 있는가? 내가 인을 행하고자 하는
의지를 가지면 인에 저절로 도달할 것이다."
-《논어》

◎ 공자가 말했다. "진실로 인에 뜻을 두면 악함이 없다."
-《논어》

◎ "양(陽)의 기운이 발현되면 쇠와 돌도 뚫을 수가 있고, 정신을 한군
데로 집중하면 무슨 일인들 이루지 못하겠는가?"
-주자의 말

뜻을 세우지 않는다면?

◎ 맹자가 말했다. "자기 자신을 해치는 사람과는 함께 말할 수 없
고, 자기 자신을 버리는 사람과는 함께 일할 수 없다. 말할 때 예
의를 비방하는 것을 자신을 해친다고 말하고, 내 몸은 인에 머물거
나 의(義)를 따라가지 못한다고 하는 것을 자신을 버린다고 하는 것

이다." —《맹자》

◎ 맹자가 말했다. "인은 사람의 편안한 집이고, 의는 사람이 살아가
는 바른 길이다. 편안한 집을 비워 두고 살지 않으며, 바른 길을 버
리고 따라가지 않으니 슬픈 일이구나." —《맹자》

의지란 기(氣)를 이끌고 가는 장수와 같아서 의지가 한결같으면 기
가 움직이지 않음이 없습니다. 배우는 사람이 죽을 때까지 글을 읽어
도 성공하지 못하는 것은 단지 의지가 확립되지 않았기 때문입니다.
의지가 확립되지 못하는 데는 세 가지 이유가 있습니다. 첫째는 믿지
않는 것[불신(不信)]이요, 둘째는 지혜롭지 못한 것[부지(不智)]이요, 셋
째는 용기가 없는 것[불용(不勇)]입니다.

불신은 다음과 같은 것을 말합니다. 성현이 후학(後學)에게 보여 준
명백하고 절실한 것을 순서에 따라 점차 익혀 나간다면 성인도 되고
현인도 될 수 있을 것입니다. 이것은 당연한 이치이기 때문에 이와
같이 하고도 그러한 효력이 없는 사람은 없을 것입니다. 불신하는 사
람은 성현의 말이 사람을 유혹하기 위해서 만든 것이라고 생각하고
단지 글만 음미하고 몸소 실천하지 않습니다. 그러므로 성현의 글을
입으로는 말하지만 세속적인 행동만을 실천할 뿐입니다.

부지는 다음과 같습니다. 사람이 태어날 때 부여받는 기질은 모두
다릅니다. 그러나 힘껏 알려고 하고 힘껏 실천하면 성공하는 것은 마

찬가지입니다. 맹자는 장례 놀이를 하며 놀았지만 끝내는 아성(亞聖, 공자에 버금가는 성인)이 되었고, 정자는 저녁까지 사냥하며 즐겼지만 마침내 대현(大賢)이 되었습니다. 어찌 태어나면서부터 모든 것을 안 다음에 덕을 완성할 수 있겠습니까? 지혜가 없는 사람은 스스로 자질이 없다고 여겨 퇴보하는 것을 편안하게 여기고 한 걸음도 나아가지 않습니다. 그래서 나아가면 성인이나 현인이 될 수 있고 물러나면 어리석거나 불초한 사람이 되는 것이 모두 스스로 만든 것임을 알지 못합니다. 그러므로 성현의 글을 읽지만 타고난 기질과 성품의 구속을 벗어나지 못합니다.

불용은 다음과 같은 것을 말합니다. 사람들은 성현이 우리를 속이지 않는다는 사실과 기질은 얼마든지 변화시킬 수 있다는 것을 알고 있습니다. 그런데도 항상 제자리에 있으면서 분발하여 나아가려고 하지 않기 때문에 어제 한 일을 오늘 고치라고 하면 어렵다고 여기며, 오늘 좋아하는 일을 내일 고치라고 하면 꺼려합니다. 이렇게 나쁜 버릇을 따라 한 치를 나가고 한 자를 물러섭니다. 이것은 바로 용기가 없기 때문입니다. 그러므로 성현의 글을 읽지만 옛날의 습관에 안주하는 것입니다. 사람들에게 이 세 가지의 병폐가 있기 때문에 군자가 세상에 나오지 않고 육경은 거짓말이 되고 마는 것입니다.

한 치의 그릇된 생각이 정사(政事)를 해치고 한마디의 말실수가 일을 어긋나게 만드는 것입니다. 도에 뜻을 두고 도를 따르며, 이렇게 해서 한 세상을 요임금·순임금의 세상이 되게 하는 것은 자신에게 달려 있습니다. 또한 욕망에 뜻을 두고 욕망을 따르며, 이렇게 해서 한 세상을 말세가 되게 만드는 것도 자신에게 달려 있는 것입니다. 그러므로 임금은 뜻이 가는 곳을 더욱 삼가지 않으면 안 됩니다. 설문청[薛文淸, 명나라 초기의 유학자로 이름은 설선(薛瑄)이며 문청은 그의 시호다. 조선 중기에 그의 저술 《설문청공독서록》이 식자층에서 많이 읽혔다.]은 말하기를 "내 마음이 진실로 학문에 뜻을 둔다면 하늘이 내 소원을 이뤄 줄 것이다."라고 했으며, 또 "학문이 진보하지 않는 것은 옛 습관을 따르기 때문이다."라고 했습니다. 엎드려 바라옵건대 전하께서는 깊이 생각하시기 바랍니다.

3. 수렴(收斂)-마음을 단속하라

경(敬, 공경하는 자세와 마음)이란 성학의 시작이며 끝입니다. 그러므로 주자는 "경을 잘 간직하는 것은 이치를 연구하는 근본이므로 아직 알지 못한 사람은 경이 아니면 알 수 있는 방법이 없다."라고 하였습니다. 그리고 정자는 "도에 들어가는 데에는 경보다 좋은 것이 없으니, 지식을 완성하면서 경을 간직하지 않는 사람은 없다."라고 했습니다. 이것은 모두 경이 학문의 시작임을 말한 것입니다. 주자가 "이미 지식을 갖춘 사람은 경이 아니면 지킬 방법이 없다."라고 했으며, 정자가 "경과 의가 확립되면 덕이 외롭지 않을 것인데 성인도 또한 이와 같다."라고 했습니다. 이것은 모두 경이 학문의 끝이 됨을 말한 것입니다. 이제 경이 학문의 시작이 된다는 것을 취하여 이치를 연구하라는 궁리 장 앞에 놓고 이것을 수렴이라 제목을 붙여서 소학(小學)의 공부에 포함시키고자 합니다.

용모와 행동을 단속하라

◎ 공자가 말했다. "군자가 중후하지 않으면 위엄이 없으니 배워도 견고하지 않게 된다."　　　　　　　　　　　　　　　　　　 ―《논어》

◎ 군자의 모습은 점잖고 조용하지만 존경하는 사람을 만나면 공손하고 조심하게 된다.　　　　　　　　　　　　　　　　　　 ―《예기》

◎ 발의 모습은 신중하고 손의 모습은 공손하며, 눈의 모습은 단정하고 입의 모습은 지긋이 다물어야 하며, 목소리는 고요해야 하고 머리 모습은 반듯하게 하며, 기운은 엄숙하게 하고 서 있는 모습은 덕이 넘쳐야 하며, 얼굴빛은 씩씩해야 한다.　　　　　　 ―《예기》

말을 삼가라

◎ 《시경》에서 말했다. "너의 말을 신중하게 하며, 너의 위엄 있는 모습을 공손하게 하여 부드럽고 아름답게 하라. 하얀 옥(玉)의 티는

갈아서 없앨 수 있지만 말로 저지른 허물은 어떻게 할 수 없다. 경솔하게 말하지 말고 구차하게 핑계 대지 말라. 나의 혀를 잡아 줄 사람이 없으니 함부로 말을 해서는 안 된다."

-《시경·대아·억(抑)》

◎ 공자가 말했다. "왕의 말이 가는 실처럼 작더라도 한번 나오면 굵은 실이 되고, 왕의 말이 굵은 실과 같으면 나오는 것은 밧줄처럼 굵어진다."　　　　　　　　　　　　　　　　　　　-《예기》

◎ 군자가 방에 앉아서 말을 할 때 좋으면 천 리 밖에서도 반응을 하는데 하물며 가까운 데 있는 것이야 말해 무엇 하겠는가? 방에 앉아서 말을 할 때 좋은 말이 아니면 곧 천 리 밖에서도 따르지 않는데 하물며 가까운 데 있는 것이야 말해 무엇 하겠는가? 말은 비록 자기 몸에서 나오지만 백성에게 영향을 미치고, 행동은 비록 가까운 데서 드러나지만 먼 곳에까지 나타난다. 말과 행동은 군자에게 매우 중요한 것이다. 이것이 겉으로 드러나면 영예가 되기도 하고 치욕이 되기도 한다. 말과 행동은 군자가 천지를 움직이게 하는 것이므로 삼가지 않을 수 없다.　　　　-《주역·계사전》, 공자의 말

마음을 단속하라

◎ 오만한 마음이 자라게 해서는 안 되고, 욕심이 마음대로 움직이게 해서도 안 되며, 뜻이 가득 채워져도 안 되고, 즐거움이 극에 이르

게 해서도 안 된다.　　　　　　　　　　　　　　　　　-《예기·곡례(曲禮)》

◎ 맹자가 말했다. "사람들은 닭이나 개를 놓치면 바로 찾을 줄 알면
서도 마음을 놓치고도 찾을 줄 모른다. 학문의 길은 다른 것이 아
니다. 잃어버린 마음을 되찾는 것일 뿐이다."　　　　　　-《맹자》

거경이 궁리의 근본이다

◎ 몸과 마음을 함양할 때는 반드시 경을 사용해야 하며, 학문에 나아
가는 것은 곧 치지하는 데 달려 있다.

　　　　　　　　　　　-《정씨유서(程氏遺書)》, 정이천(程伊川)의 말

　잃어버린 마음을 거두어들이는 것이 학문의 토대입니다. 옛사람
은 스스로 밥을 먹을 수 있고 말할 수 있을 때부터 가르쳐서 행동이
어긋나지 않고 생각이 도를 넘지 않도록 했는데, 이것이 양심을 기르
고 덕성을 높이는 까닭입니다. 어느 때 어떤 일이든 간에 그렇지 않
은 것이 없었으므로 격물치지 공부가 이에 힘입어 집중되는 바가 있
었습니다. 그러나 지금은 어려서부터 이런 공부는 하지 않고 손쉬운
방법으로 학문을 연구하고 몸을 닦아 마음이 혼란에 빠지고 행동이
어긋나게 되어 공부를 하는 듯 하지 않는 듯하니 결코 성공할 도리가
없습니다. 그러므로 선현들이 사람들에게 정좌(靜坐, 마음을 가라앉히고
몸을 바르게 하여 조용히 앉음)를 가르치고 또한 구용(九容, 배우는 사람이 지

켜야 할 아홉 가지 모습. 발을 옮길 때는 신중하게 할 것[足容重], 손의 모습은 공손하게 할 것[手容恭], 눈은 단정하게 뜰 것[目容端], 입은 지긋이 다물 것[口容止], 목소리는 고요하게 할 것[聲容靜], 머리는 반듯하게 할 것[頭容直], 호흡은 평온하게 할 것[氣容肅], 서 있을 때는 덕이 있게 할 것[立容德], 얼굴 표정은 씩씩하게 할 것[色容莊])으로 몸가짐을 가다듬게 했으니 이것은 배우는 사람이 가장 먼저 힘을 써야 하는 바입니다. 그러나 이른바 정좌라는 것도 또한 일이 없을 때를 가리키는 것입니다. 가령 사물과 부딪혔을 때는 정좌에만 얽매일 수 없습니다. 하물며 임금의 한몸에는 모든 일이 다 집중되어 있어 만약 일이 없을 때를 기다려 정좌한 다음에 학문을 하려고 한다면 아마 그럴 시간이 없을 것입니다. 다만 움직일 때나 고요할 때를 막론하고 이 마음을 잊지 않고 지키기를 게을리하지 않으며, 허노재[許魯齋, 중국 원나라의 대표적 학자로 호가 노재, 이름은 형(衡)이다. 쿠빌라이 칸이 즉위한 후에 주자학의 보급에 기여했다.]가 말한 것처럼 비록 수많은 사람 속에 있더라도 항상 자신이 존재한다는 것을 안다면 일이 없을 때는 고요하게 몸을 기를 수 있고, 일이 있을 때는 밝게 살펴서 그 쓰임을 바르게 할 수 있을 것입니다. 그리하여 성학의 근본이 여기에서 확립될 것입니다. 성현의 가르침은 밝아서 속임이 없으니 유념하시기 바랍니다.

4. 궁리(窮理) - 이치를 연구하는 학문에 열중하라

마음을 단속한 다음에 반드시 이치를 연구하여 지식을 완성해야 하기 때문에 궁리 장을 그다음에 두었습니다. 정자는 "대개 하나의 사물에는 하나의 이치가 있으므로 반드시 그 이치를 완전하게 탐구해야 한다. 이치를 연구하는 방법은 많은데 글을 읽어서 의리를 밝히기도 하고, 예나 지금의 인물에 대해 논평해서 시비를 가리기도 하며, 사물을 직접 경험하여 마땅함의 여부를 판단하기도 하는데, 이것이 모두 궁리다."라고 했습니다. 궁리의 공부는 대략 이와 같아야 하는데 자세한 것은 아래에서 설명하겠습니다.

궁리의 공부 방법

◎ 자하(子夏, 공자의 제자)가 말했다. "널리 배우고 뜻을 돈독하게 하며, 간절하게 묻고 가까운 것부터 생각한다면 인은 바로 그 가운데 있을 것이다."　　　　　　　　　　　　　　－《논어》

◎ 공자가 말했다. "배우고 생각하지 않으면 얻는 것이 없고, 생각하고 배우지 않으면 위태롭게 된다."　　　　　　　　－《논어》

◎ 공자가 말했다. "군자는 아홉 가지 생각하는 것이 있다. 사물을 볼 때는 분명하게 볼 것을 생각하고, 들을 때에는 총명하게 들을 것을 생각하고, 얼굴빛은 온화하게 할 것을 생각하고, 모습은 공손할 것

을 생각하고, 말은 진심을 다할 것을 생각하고, 일에는 공경히 할 것을 생각하고, 의문이 있을 때에는 질문할 것을 생각하고, 화가 나면 어려워질 것을 생각하고, 얻을 것을 보면 의로운 것인지 생각해야 한다." ―《논어》

◎ 지식을 완성하는 것은 지속적으로 수양하는 데 있고, 수양하는 일은 욕심을 줄이는 것보다 좋은 것이 없다.

―《정씨외서(程氏外書)》, 정이천의 말

독서하는 방법

◎ 《주역》에서 말했다. "하늘이 산 가운데 있는 것이 대축괘다. 군자는 이것을 보고 옛 성현들의 말과 지나간 행실을 많이 알아서 덕을 쌓는다." ―《주역·대축괘·상사(象辭)》

○ 이에 대해 정자가 말했다. "하늘은 지극히 큰 것인데 산속에 있으니 기르는 것이 지극히 큰 형상이다. 군자는 그 형상을 본받아서 쌓고 축적하는 것을 크게 한다. 성현이 남긴 자취를 되새겨 그 쓰임새를 살피고, 성현의 말씀을 파악해서 그 본래의 마음을 찾아 인식하고 얻어 덕을 길러 완성하는 것이 곧 대축의 의미다."

♣ 대축괘는 외괘가 산[☶]이고, 내괘가 하늘[☰]인 괘다. 즉 산 아래에 하늘이 있는 형상을 나타낸다. 대축은 많이 쌓여서 풍성한 것을 말하는데, 산속에 하늘이 담겨 있으니 기르는 것이 더욱 큰 형상

이다. 군자가 이 형상을 보고 지나간 성현들의 언행을 많이 들어 자신의 덕을 기르는 것이다. 이 괘를 얻은 사람은 실력을 쌓도록 노력해야 한다.

◎ 본심(本心, 타고난 선량한 마음)이 물욕에 빠져 오랜 시간이 지나면 의리가 투철하게 스며들지 못한다. 항상 독서하고 이치를 연구하면 물욕이 견뎌 내지 못해서 본심의 의리가 편안하고 견고해질 것이다.

−《주자대전》

《소학》을 읽는 방법

◎ 주자가 지은 《소학》은 큰 줄거리가 너무 좋아서 일상생활에서 사용하는 데 가장 절실한 내용을 담고 있다. 비록 《대학》을 완성하는 데 이르더라도 역시 여기서 벗어나지 않는다.

−《소학집설(小學集設)》, 진순씨(陳淳氏)의 말

사서를 읽는 방법

◎ 처음 배우는 사람들이 덕에 들어가는 입문서로 《대학》보다 좋은 것이 없다. −《정씨유서》, 정이천의 말

◎ 《논어》에 나오는 말은 평범하지만 뜻이 깊고, 말은 다 한 것 같지만 뜻은 끝이 없다. 다함이 있는 말은 옛 주석을 통해서 배우고, 끝이

없는 것은 마땅히 마음으로 이해해야 한다.

−《논어집주(論語集註)》, 정자의 말

◎ 성인의 도를 보려고 하는 사람은 반드시 《맹자》에서 시작해야 한다.

−《창려문집》

◎ 《중용》은 공부가 치밀하고 규모가 크다. −《주자대전》

육경을 읽는 방법

◎ 공자가 말했다. "너희들은 어찌하여 시(詩)를 배우지 않는가? 시는 마음에 감흥을 일으킬 수 있고 풍속을 관찰할 수 있으며, 여럿이 무리 지어 어울릴 수 있고 다른 사람에게 서운함을 드러낼 수 있다. 가깝게는 어버이를 모시고 멀리는 임금을 섬길 수 있게 하며, 새와 짐승, 초목의 이름을 많이 알 수 있게 한다." −《논어》

◎ 공자가 말했다. "예를 배우지 않으면 설 방법이 없다." −《논어》

◎ "덕은 본성의 단서고 음악은 덕의 영화(英華, 아름답게 드러난 모습)다. 쇠와 돌, 실과 대나무는 음악의 기구다. 시는 뜻을 말한 것이고 노래는 소리를 읊은 것이며 춤은 몸을 움직이는 것이니, 이 세 가지는 먼저 마음에 바탕을 두어야 하고 그다음에 악기가 그 뒤를 따르는 것이다. 그러므로 감정이 깊어지면 글의 색채가 밝아지고, 기운이 성하면 변화가 신령스러워진다. 조화롭고 순조로운 것이 마음에 쌓이면 영화가 밖으로 드러나는 것이니 오직 음악은 거짓으로

할 수 없는 것이다." —《예기》

◎ 《서경》을 본다면 반드시 이제[二帝, 요임금과 순임금]와 삼왕[三王, 하나라 우(禹)왕, 은나라 탕(湯)왕, 주나라 문·무(文武)왕]의 도를 보아야 한다. —《정씨유서》, 정명도(程明道)의 말

◎ 공자가 말했다. "역이란 어떤 것인가? 역은 사물을 열어 주고 일을 이루어 천하의 도를 포괄하는 것뿐이다. 그러므로 성인은 괘사와 효사를 통해서 천하의 사람들이 뜻하는 것을 통하게 해 주고, 천하 사람들이 하는 사업을 정해 주며, 천하 사람들의 의문점을 해결해 줄 수 있다." —《주역·계사전》

◎ 맹자가 말했다. "왕자(王者)의 자취가 사라지자 시가 없어졌으며, 시가 없어진 뒤에 《춘추》가 지어졌다. 거기서 다룬 일은 제나라 환공과 진나라 문공에 관한 것이고, 그 글은 사관의 기록이다. 공자께서 말씀하시기를, '그 뜻은 내가 외람되이 취해서 덧붙인 것이다.'라고 하셨느니라." —《맹자》

○ 이에 대해 주자가 말했다. "왕자의 자취가 사라졌다는 것은 주나라의 평왕(平王)이 도읍을 동쪽으로 옮기자 정치와 교육, 명령이 천하에 미치지 못한 것을 이른다. 시가 없어졌다는 것은 《시경》의 순서와 등급이 바뀌어 아(雅, 주나라 때 조정과 종묘에서 사용하던 노래)가 무너진 것을 말한다. 《춘추》는 노나라의 역사 기록으로 공자가 그것에 첨삭해서 노나라 은공 원년부터 시작했는데 주나라 평왕 49년이다. 춘추 시대에

는 오패[五覇, 제환공(齊桓公), 진문공(晉文公), 진목공(秦穆公), 송양공(宋襄公), 초장왕(楚莊王)]가 잇달아 일어나 패권을 잡았는데 제나라 환공과 진나라 문공이 가장 흥성했다."

역사책을 읽는 방법

◎ 역사책을 읽으면 반드시 치란(治亂, 안정과 혼란)의 기틀과 현인 군자의 진퇴를 보아야 한다. 이것이 바로 격물이다.

−《정씨유서》, 정이천의 말

천지와 인물의 이치

◎ 역에 태극이 있는데 이것이 양의를 낳고, 양의가 사상을 낳으며, 사상은 팔괘를 낳는다. 한 번 음하고 한 번 양하는 것이 도고, 이것을 계속하는 것이 선(善)이요, 갖추어 있음은 성(性)이다.

어진 사람은 이것을 보고 인(仁)이라 말하고, 지혜로운 사람은 이것을 보고 지(知)라고 말하며, 백성들은 날마다 사용하면서도 알지 못한다. 그러므로 군자의 도가 드문 것이다.

형이상의 것을 도라고 말하고 형이하의 것을 기(器)라고 하며, 변화하고 헤아려 마름질하는 것을 변(變)이라고 하고 미루어 행하는 것을 통(通)이라고 하며, 이것을 천하의 백성에게 베푸는 것을 사업이라고 한다.

−《주역·계사전》

◎ 우주를 생성하는 원리는 무극이면서 동시에 태극이다. 태극이 움

직여 양을 낳는데, 그 움직임이 정점에 도달하면 고요한 상태가 되고, 고요한 상태에서 비로소 음을 낳게 된다. 고요함이 정점에 이르면 다시 움직임이 나타난다. 이렇게 한 번의 움직임과 한 번의 고요함이 서로 근원이 되어 음과 양으로 나뉘어져 두 가지 모습이 된다. 양과 음이 변화하고 합쳐지면서 수·화·목·금·토를 낳는데, 이 다섯 가지의 기운이 순조롭게 베풀어져 사계절이 운행된다. 오행이란 하나의 음양이며, 음양이란 하나의 태극이고, 태극은 본래 무극이다. 오행이 생성되면서 각각 하나의 본성을 갖게 된다. 무극과 음양 오행의 정기가 오묘하게 결합하여 모여지면 하늘의 도인 건도(乾道)는 남성을 이루고 땅의 도인 곤도(坤道)는 여성을 이룬다. 음양의 두 기운이 서로 만나 반응하여 만물을 만들어 내고 변화시키며, 만물이 지속적으로 생성되어 변화가 끝없이 이루어진다.

　오직 인간만이 가장 우수한 것을 받아서 신령스럽다. 형체가 만들어지면서 정신이 지각을 만들어 내고, 오행의 본성이 감동하여 선악이 나누어지고 모든 일이 나오게 된다. 이에 성인이 치우침이 없는 중간[中]과 곧고 바른 정(正)과 인의로 선악을 구분하고 모든 일을 정하며, 고요함을 중심으로 인간의 도를 세웠던 것이다. 그러므로 성인은 덕성이 천지와 일치하고 밝음이 해와 달과 일치하며, 질서가 사계절과 일치하고 길흉이 귀신과 일치한다. 군자는 바로 인간의 도를 잘 닦기 때문에 길하게 되고, 소인은 인간의 도를 따르지 않기 때문에 흉하게 된다. 그런 까닭에 "하늘의 도를 세워 음과 양이라 하고, 땅의 도를 세워 부드러움과 강함이라 하며, 사람의 도를 세워 인과 의라고 한 것이다."라고 했다. 또 말하기를 "시작을 알고 끝을 돌이키면 죽음과 삶의 의미를 알게 된다."라고 했다. 위대하구나 역이여, 이것이야말로 지극한 것이로구나!

-《태극도설》

◎ 만물이 하나의 근원이라는 관점에서 보면 이는 같고 기는 다르다. 만물이 다른 모습을 가지고 있다는 관점에서 보면 기는 오히려 서로 가깝지만 이는 결코 같지 않다. 기가 서로 다른 것은 순수하고 섞인 것이 다른 것이고, 이가 다른 것은 치우치고 온전한 것이 간혹 다른 것이다. -《주자대전》

✤ 성리학에서 만물의 근원은 태극 또는 이라고 한다. 따라서 인간이든 사물이든 하나의 근원인 이에서 나오는데, 각각 모습이 다른 것은 기가 다르기 때문에 생기는 현상이다. 맑은 기를 받은 것은 인간이 되고 흐린 기를 받으면 사물이 된다. 기는 맑음과 흐림, 무거움과 가벼움에 따라 차이가 있으며, 그 때문에 우주 만물은 차별성과 등급성을 갖게 된다. 그러므로 세상에 존재하는 모든 사물이 다른 형태로 존재하는 것은 모두 기에 의해서 결정되는 것이다.

만물이 서로 다른 모습을 갖는 것은 오행이라는 기를 부여받을 때 달라지는 것이지 실제는 모두 오행이라는 요소를 통해서 구성된다. 그런 의미에서 만물은 동일한 기, 즉 오행에 의해서 구성되기 때문에 비슷하다고 할 수 있다. 오행이라는 동일한 기를 통해서 만들어지지만 그 근원을 소급하면 서로 다른 것처럼 보인다. 그렇기 때문에 어느 관점에서 접근하느냐에 따라서 이기의 존재 방식이 서로 다르게 된다. 만물이 이로부터 나온 것이라고 한다면 모든 만물의 이는 같다. 그러나 만물이 서로 다른 이로부터 나온 것이라고 한다면 이도 서로 다르게 된다. 즉 만물의 근원인 이와 개별 사물의 이가 다르다는 말이다.

인간이 만물보다 귀중하다

◎ 사람이란 천지의 덕이요 음양의 사귐이며, 귀신의 모임이요 오행의 빼어난 기운이다. 그러므로 사람은 천지의 마음이다. 　－《예기》

인간의 본성은 선하다

◎ 위대하신 상제(上帝, 하느님)께서 백성들에게 참된 마음을 내려 주어 사람들은 순리에 따라 떳떳한 성품을 갖게 되었다.

－《서경·상서(商書)·탕고(湯誥)》

◎ 맹자가 말했다. "사람은 모두 차마 남에게 하지 못하는 마음이 있다. 사람이 누구나 남에게 차마 하지 못하는 마음이 있다고 말

하는 까닭은 이러하다. 지금 사람들이 어린애가 우물에 빠지려고 하는 것을 갑자기 본다면 다들 놀라서 측은한 마음이 생길 텐데, 그것은 그 어린애의 부모와 교분을 맺으려는 것도 아니요, 동네 사람과 벗들에게 칭찬을 받으려는 것도 아니요, 구해 주지 않았다고 비난하는 소리를 듣기 싫어서도 아니다. 이로 보건대 측은해하는 마음이 없으면 사람이 아니요, 부끄러워하는 마음이 없으면 사람이 아니요, 사양하는 마음이 없으면 사람이 아니요, 옳고 그름을 가리는 마음이 없으면 사람이 아니다. 측은해하는 마음은 인의 단서고, 부끄러워하는 마음은 의의 단서고, 사양하는 마음은 예의 단서고, 옳고 그름을 가리는 마음은 지의 단서다. 사람이 이 네 가지 단서를 지니고 있는 것은 마치 사지를 지니고 있는 것과 같다. 이 네 가지 단서를 지니고 있으면서 스스로 그것을 실천하지 못한다고 말하는 것은 스스로를 해치는 것이고, 자기 임금이 그것을 못한다고 말하는 것은 자기 임금을 해치는 것이다. 대체로 네 가지 단서가 나에게 있다는 것을 알아서 넓히고 채워 나가면 불이 처음 타오르고 샘물이 처음 솟아나는 것과 같게 된다. 진실로 그것을 넓히고 채울 수만 있다면 충분히 천하를 보전할 수가 있고 진실로 그것을 넓히고 채우지 않는다면 부모를 섬기기에도 부족할 것이다."
　　　　　　　　　　　　　　　　　　　　　　　　　　　　　－《맹자》

기질의 본성

◎ 형체가 있은 다음에 기질의 본성이 있게 되는데, 이것을 잘 회복하면 타고난 본성이 보존된다. 그러므로 군자는 기질의 본성을 본성으로 여기지 않는다. 　　　　　　　　　　　　　　　－장횡거의《정몽》

✚ 인간의 본성은 두 가지로 구분해서 볼 수 있다. 하나는 본래부터 타고난 본연지성이고, 다른 하나는 육체를 부여받음으로 인해서 생겨나는 본성으로 기질지성이라고 한다. 따라서 본연의 성은 이로 이루어지고 아주 맑고 선한 모습이지만, 기질의 성은 이에 기가 섞인 것이며 잘 다스리면 선하게 되고 잘못 다스리면 악하게 된다. 이것은 인간이 육체를 가지고 있기 때문에 생겨나는 현상이다.

마음과 본성과 감정의 관계

◎ 사람이 태어나서 고요한 것은 하늘의 본성이요, 사물에 감응하여 움직이는 것은 본성의 욕구다. 사물이 다가와 지혜로 그것을 안 다음에 좋아하고 미워하는 것이 나타난다. 　　　　　　　　　　－《예기》

◎ 무엇을 사람의 감정이라고 하는가? 기쁨[喜]·성냄[怒]·슬픔[哀]·두려움[懼]·사랑[愛]·미움[惡]·욕망[欲]을 말한다. 이 일곱 가지는 배우지 않아도 갖게 되는 능력이다. 　　　　　　　　　　　　　－《예기》

◎ 순임금이 말했다. “인심(人心, 육체를 지님으로 해서 발생하는 마음)은 위태롭고 도심(道心, 순수하고 선한 인간의 본래 마음)은 은밀하고 미약하니

정밀하고 한결같이 해야 진실로 중용의 도를 지킬 것이다."

－《서경·우서(虞書)·대우모(大禹謨)》, 순임금이 우왕에게 내린 말

◎ 마음이 본성과 감정을 통제한다. ⠀⠀⠀⠀⠀⠀－《횡거어록(橫渠語錄)》

✤ 마음이 본성[性]과 감정[情]을 통제한다는 말은 심통성정(心統性情)을 번역한 것이다. 마음이 고요해서 동요하지 않으면 본성이 되고, 다른 사물과 반응하면 감정이 된다. 따라서 성은 마음의 이치이고 정은 마음의 쓰임새다. 이렇게 마음속에 성과 정이 있으므로 인간의 마음이 본성과 감정을 포괄하면서 통제한다고 말한 것이다. 본성은 마음이 동요하지 않은 고요한 상태를 의미하는데 인·의·예·지와 같은 것이 바로 본성이고, 본성은 선한 것만을 말한다. 그러나 감정은 선과 악이 함께 있는 것을 말한다. 측은지심(惻隱之心)과 수오지심(羞惡之心), 사양지심(辭讓之心)과 시비지심(是非之心) 같은 것은 감정에 속하는데 잘 조절하면 선하게 되지만 그렇지 않으면 악하게 된다.

◎ 자기의 마음을 다하는 사람은 자기의 본성을 알고, 본성을 알면 하늘을 알게 된다. ⠀⠀⠀⠀⠀⠀⠀⠀⠀⠀⠀⠀⠀⠀⠀⠀⠀⠀⠀⠀－《맹자》

✤ 이 부분에서 율곡은 자신의 성리학적 입장을 밝히고 있는데 그 내용은 다음과 같다.

율곡은 이와 기의 관계를 하나이면서 둘이고 둘이면서 하나라고 설명한다. 즉, 두 가지는 서로 간격이 없어서 원래부터 분리될 수 없는

상태라는 것이다. 이러한 상태를 율곡은 '이기의 오묘한 결합[이기지묘(理氣至妙)]'이라고 부른다. 커다란 틀에서 말한다면 이는 형체가 없고 기는 형체가 있기 때문에 이통기국(理通氣局, 이통이란 천지 만물이 동일한 이에서 나온다는 뜻이고, 기국이란 만물이 각각 하나의 기를 가지고 있다는 것)이고, 이는 무위(無爲)인데 기는 유위(有爲)이므로 기발이승(氣發理乘, 기가 발현할 때 이가 올라타는 것)이 된다. 이와 기의 관계를 어떠한 관점에서 보느냐에 따라 이기이원론(理氣二元論)과 이기일원론(理氣一元論)이 되는데, 퇴계는 이기이원론에 가깝고 율곡은 이기일원론에 가깝다. 이기이원론의 입장에서는 이와 기가 서로 다르다는 차별성을 강조하고, 이기일원론의 입장에서는 이러한 견해를 거부한다. 이기일원론에서는 이와 기가 다르다는 점은 인정하지만 양자가 서로 의존하는 관계라는 점을 강조한다. 이기일원론에서 이는 독립적으로 존재하는 것이 아니라 항상 기 속에서 기의 운동을 주재하는 원리로 존재한다.

　이러한 이기론에 의해 심성론도 결정된다. 이기가 분리되지 않듯이 마음속에 있는 성과 정도 분리되지 않는 것이다. 하지만 어떤 것을 중심으로 말하느냐에 따라서 달라질 수 있다. 율곡은 인간의 일곱 가지 감정(칠정) 밖에 별도의 인·의·예·지의 단서인 사단이 있는 것이 아니라 칠정 가운데서 선한 것만을 일컬어 사단이라고 말한다. 이것은 퇴계가 사단과 칠정이 서로 다른 것이라고 주장한 견해와 다르다. 그래서 율곡은 형이상학적인 이의 세계보다 기가 발현되는 현실을 보다 중요하게 여겼고 현실의 개혁을 추구했던 것이다.

왕도와 패도의 차이

◎ 맹자가 말했다. "힘으로 인을 가장하는 것을 패도 정치라고 하는데, 패도 정치를 하려면 반드시 큰 나라를 가지고 있어야 한다. 덕으로 인을 행하는 것은 왕도 정치라고 하는데, 왕도 정치를 펴는데 큰 나라를 가지고 있을 필요는 없다. 탕왕은 칠십 리의 땅으로, 문왕은 백 리의 땅으로 왕도 정치를 했다. 힘으로 남을 굴복시키는 사람에게 상대방은 마음으로 복종하는 것이 아니라 힘이 모자라서 복종하는 것이다. 덕으로 남을 복종시키는 사람에게는 상대방이 마음속으로부터 기뻐서 진심으로 복종하는 것이다. 마치 칠십 명의 제자가 공자에게 복종하는 것과 같다. 《시경》에 이르기를 '동서남북 어느 쪽에서나 마음으로 복종하지 않는 사람이 없었다.'라고 했는데, 이것을 두고 한 말이다."   －《맹자》

이단의 폐해

◎ 공자가 말했다. "이단의 학문을 오로지 배우고 따르게 되면 이것은 해롭게 될 뿐이다."   －《논어》

◎ 맹자가 말했다. "양주(楊朱)는 자신만을 위하니 이것은 임금이 없는 것과 같고, 묵자(墨子)는 모든 사람을 똑같이 사랑하니 이것은 아버

지가 없는 것과 같은 것이다. 아버지가 없고 임금이 없다면 이것은 짐승에 불과하다. 말로 양주와 묵적을 막아 낼 수 있는 사람은 성인을 따르는 무리다."

-《맹자》

✢ 양주는 위아주의(爲我主義)를, 묵자는 겸애설(兼愛說)을 주장한 학자로 맹자가 활동하던 시대에 큰 호응을 얻었던 사람들이다. 양주는 "자기 몸의 터럭 하나를 뽑아서 세상이 이롭게 된다고 해도 하지 않을 것"이라고 하여 극단적 이기주의라는 평가를 받았다. 서민들에게 많은 호응을 얻은 묵자는 유학이 지나치게 의례에 치중한다고 생각해서 유학을 비판했다. 묵자는 모든 사람이 남의 부모를 자신의 부모처럼 사랑한다면 남들도 내 부모를 자기 부모처럼 사랑할 것이라는 주장을 했다. 따라서 국가의 질서와 집안의 위계를 중시하던 맹자는 양주에 대해 국가의 존재를 부정하기 때문에 임금도 없는 사람이라고 비판했고, 묵자에 대해서는 자기 부모도 제대로 모시지 않는 사람이라고 비판을 했다.

◎ 불교의 말은 양주와 묵자에 비교한다면 더욱 이치에 가까워서 빠져들기 쉬우므로 그 폐해는 더욱 심하다. 배우는 사람은 마땅히 음란한 소리나 아름다운 여색을 멀리하듯이 불교를 멀리해야 한다. 그렇지 않으면 점차로 그 속에 빠지게 될 것이다.

-《정씨유서》, 정명도의 말

성현이 이치를 연구하던 학설의 큰 요지는 이 장에서 인용한 것에서 벗어나지 않습니다. 만약 그 말에 따라서 실지로 공부에 착수하여 순서에 따라 점차 나아간다면 꿰뚫어 통하는 효과는 기약하지 않아도 저절로 이루어질 것입니다. 모든 사물에는 이치가 있고, 사람의 마음은 모든 이치를 포함하고 있기 때문에 연구하여 도달하지 못할 이치란 없습니다. 다만 열고 닫는 것이 한결같지 않고 밝고 어두움에 시간이 있는 것처럼 궁리할 때도 한번 생각해서 곧바로 터득하는 것도 있고, 정밀하게 생각하여 깨닫는 것도 있으며, 애써 생각해도 풀리지 않는 것도 있습니다.

생각하다가 터득하는 것이 있어서 분명하게 스스로 믿음이 가고 매우 즐거우면서도 시원하게 말로 모두 표현할 수 없다면 이것이 바로 진실로 터득한 것입니다. 그런데 비록 터득한 것 같지만 믿음이 가는 가운데 의심스러운 점이 있고 위태로워서 편안하지 않으며 마음이 환하게 풀리는 데 이르지 않는다면 이것은 억지로 헤아리는 것일 뿐 진실로 터득한 것이 아닙니다.

사물을 이해하거나 성현의 말을 살필 때 마음이 맑아 가볍게 한번 보고도 마음에 이해되어 조금의 의심도 없다면 이것이 바로 한번 생각하여 터득한다는 것입니다. 그런데 만약 자신이 터득한 것에 다시 의문을 제기하면 도리어 참된 견해를 어둡게 만들 것입니다. 만약 사색해도 터득하지 못한다면 마음과 뜻을 다하여 죽을 힘을 다해

싸우고 침식을 잊을 정도로 노력해야만 비로소 깨닫게 될 것입니다. 또 오랫동안 애써 생각하고도 끝내 풀리지 않아 마음이 막히고 어지러우면 모든 것을 던져 버리고 가슴속에 하나의 사물도 없게 한 다음에 돌이켜 보면 도리어 정밀한 생각이 일어납니다. 그래도 여전히 투철하게 터득하지 못한다면 일단 이 일은 보류하고 다른 일을 연구해야 합니다. 연구하고 연구하여 점차 마음이 밝아지게 되면 이전에 투철하지 못했던 것도 어느 순간 갑자기 저절로 깨달을 때가 있습니다. 주자가 "이곳에서 이해하지 못한 것을 만약 저쪽에서도 한결같이 지키려고 한다면 도리어 어둡게 된다. 반드시 다른 일을 연구해야 한다. 그러면 간혹 이것 때문에 저것이 밝혀지기도 한다."라고 말한 것이 바로 이런 이치를 말합니다.

이 세 가지 조목은 서로 영향을 미쳐 밝혀 주는 것으로 이치를 연구하는 중요한 방법입니다. 이것을 통해 뜻을 성실하게 하고 마음을 바르게 하여 대사(大事)를 처리하고 대업(大業)을 정하면 마치 강물을 터놓은 듯해서 막을 수가 없을 것입니다. 학문을 하면서 이러한 경지에 이르지 못한다면 어찌 학문을 한다고 할 수 있겠습니까?

생각해 보면 임금의 직무는 보통 사람과 다릅니다. 보통 사람은 반드시 몸을 닦아 때를 기다리고, 임금을 얻어서 도를 행해야 합니다. 그렇기 때문에 학문이 진실로 부족하다면 감히 쉽게 나갈 수 없습니다. 그러나 임금은 그렇지 못합니다. 이미 백성의 주인이고 가르치고 길러 주는 책임을 맡았기 때문에 만약 "내가 지금 몸을 닦고 있기 때문에 백성을 다스릴 겨를이 없다."라고 한다면 백성을 다스리는 정치가 없어지게 됩니다. 그러므로 몸을 닦고 사람을 다스리는 도리를 모두 같이 행하지 않으면 안 됩니다. 하루에 만 가지 일을 접하니 매번 하나의 일을 만날 때마다 반드시 지극히 마땅한 이치를 구하여 잘못된 것을 버리고 옳은 것을 행해야 합니다. 또한 가까운 선비들을 친하게 대하고 의리를 논하고 밝히며, 간언을 수용하여 오직 선한 것만을 주로 삼아야 합니다. 이것은 모두 임금이 이치를 연구하는 일입니다. 삼가 바라옵건대 전하께서는 유념하시옵소서.

5. 성실(誠實)-모든 일에 성실하고 진실하라

궁리가 분명한 뒤에는 몸소 실천할 수 있는데 반드시 마음이 진실해야만 비로소 진실한 공부에 착수할 수 있습니다. 그 때문에 성실이 궁행(躬行, 스스로 실천함)의 근본이 됩니다.

◎ 공자가 말했다. "충(忠, 여기서는 마음으로 정성을 다한다는 뜻)과 신(信)을 주로 하라." ─《논어》

◎ 자장(子張, 공자의 제자)이 행실에 대해서 질문을 하자 공자가 말했다.

"말이 진실하고 믿음직스러우며 행실이 독실하고 공경스러우면 비록 오랑캐의 나라에서라도 행해질 것이다. 하지만 말이 진실되지 않고 미덥지 못하며 행실이 독실하거나 공경스럽지 못하다면 비록 작은 고을이라 하더라도 행해지겠는가?" —《논어》

◎ 뜻을 정성스럽게 한다는 것은 스스로를 속이지 않는 것을 의미한다. 나쁜 냄새를 싫어하듯 하고, 좋은 빛을 좋아하는 것과 같이 하는 것이다. 이것을 스스로 만족하는 것이라고 말한다. 그러므로 군자는 반드시 홀로 있을 때를 삼간다. —《대학》

◎ 성실함이란 사물의 끝과 시작이니 성실하지 않으면 사물이 없는 것과 같다. 그러므로 군자는 성실함을 귀중하게 생각한다.
  —《중용》

하늘에는 진실한 이치가 있기 때문에 기(氣)의 변화가 흐르고 움직여서 쉬지 않습니다. 그리고 사람에게는 진실한 마음이 있기 때문에 공부가 계속 밝아져 빈틈이 없게 됩니다. 사람에게 진실한 마음이 없으면 하늘의 이치에 어긋나게 되는 것입니다. 부모가 있는 사람은 마땅히 효도해야 한다는 것을 알지만 효도를 행하는 사람은 드물고, 형이 있는 사람은 마땅히 공경해야 한다는 것을 알지만 공경하는 사람은 드뭅니다. 또한 입으로는 부부가 서로 공경해야 한다는 것을 말하지만 제가의 효과를 거둔 것에 대해서 들은 적이 없습니다.

어른과 아이, 친구의 경우도 또한 그렇지 않은 것이 없습니다. 어진 사람을 보면 마땅히 좋아할 줄을 알면서도 마음은 여색을 좋아하는 데로 옮겨 가고, 사악한 자를 보면 마땅히 미워해야 한다는 것을 알면서도 사적으로는 아첨하는 것을 받아 주며, 관직에 있는 자가 청렴과 정의를 말하면서도 일을 하는 데는 청렴하거나 정의롭지 못합니다. 백성을 다스리는 자가 백성을 기르고 가르칠 것을 말하면서도 정치를 할 때는 기르거나 가르치지 않습니다. 또한 억지로 인을 행하거나 의에 힘을 써서 겉으로는 볼 만한 듯하지만 마음속에서 즐기는 것은 인의(仁義)에 있지 않습니다. 위선적인 행동은 오래 지속하기 어렵습니다. 처음에는 힘써 나아가는 듯하다가 끝내는 게을러지는데 이런 종류들은 모두 진실한 마음이 없기 때문입니다. 하나의 마음이 진실하지 못하면 모든 일이 거짓일 텐데 어디를 간들 행할 수 있겠습니까? 하나의 마음이 진실하다면 모든 일이 진실할 것이니 무엇을 한들 이루어지지 않겠습니까? 그러므로 주렴계가 말하기를 "성실함이란 성인의 근본이다."라고 했습니다. 바라옵건대 이것을 유념하시옵소서.

제가 또 살펴보건대, 뜻을 성실하게 하는 것[성의(誠意)]은 수기와 치인의 근본입니다. 지금 비록 별도로 하나의 장을 만들어 대강을 서술했지만 성실하게 하는 것[성지(誠之)]의 의미는 진실로 상하의 모든 장을 일관하고 있습니다. 만약 뜻에 성실함이 없으면 확립될 수 없고, 이치에 성실함이 없으면 파악되지 않을 것이며, 기질에 성실함이 없으면 변화할 수 없으니 다른 것도 미루어 알 수 있습니다.

6. 교기질(矯氣質) - 기질을 고쳐라

이미 성실하게 학문을 했다면 반드시 치우친 기질을 고쳐서 본연의 성을 회복해야 합니다. 그러므로 장횡거는 말하기를 "학문을 하는 데 큰 도움이 되는 것은 기질을 변화시키는 데 있다."라고 하였습니다. 이것이 교기질이 성실 다음에 나오는 이유입니다.

기질을 파악하고 그에 따라 교정하라

◎ 굳셈[강(剛)]의 장점은 정의롭고 정직하며 결단이 있고 엄격하고 줄기가 견고한 것이요, 단점은 사납고 편협하고 힘만 강한 것이다. 부드러움[유(柔)]의 장점은 자애롭고 유순하며 공손한 것이고, 단점은 나약하고 결단이 없으며 간사하고 아첨하는 것이다. 오직 중용만이 성인의 일이다. 그러므로 성인이 가르침을 세울 때는 사람으로 하여금 스스로 그 단점을 바꾸게 만들고 스스로 중용에 이르게 한 뒤에 멈춘다. ─주렴계의 《통서(通書)》

◎ 삼덕(三德)이란 첫째는 정직함으로 다스리는 것이요, 둘째는 강함으

로 다스리는 것이요, 셋째는 부드러움으로 다스리는 것이다. 평안한 사람은 정직함으로 다스리고, 깊이 가라앉아 치우친 사람은 강함으로 다스리고, 인격이 높은 사람은 부드러움으로 다스린다.

-《서경·주서(周書)·홍범(洪範)》

◎ 공자가 말했다. "타고난 성품은 서로 비슷하지만 습관에 따라서 서로 멀어진다."　　　　　　　　　　　　　　　　　　　　-《논어》

○ 주자가 말했다. "기질의 성은 사람마다 그 바탕의 선하고 악함에서 동일하지 않다. 그러나 처음에는 서로 거리가 먼 것이 아니다. 다만 착한 습관을 갖게 되면 착하게 되고 악한 습관을 갖게 되면 악하게 된다. 그렇게 되면 비로소 서로 거리가 멀어지게 된다."

기질을 바로잡는 방법 : 극기

◎ 안연이 인에 대해서 묻자 공자가 말했다. "자기의 사사로운 욕망을 이겨 내서 예를 회복하는 것이 인을 행하는 것이니 하루라도 자기의 사사로운 욕망을 이겨 내서 예를 회복한다면 천하가 모두 어질게 될 것이다. 인을 행하는 것은 자신으로부터 말미암는 것이지 남으로부터 말미암는 것이겠는가?" 안연이 "자세한 설명을 듣고자 합니다."라고 하자, 공자가 대답했다. "예가 아니면 보지 말고, 예가 아니면 듣지 말고, 예가 아니면 말하지 말고, 예가 아니면 행동하지 말라." 안연이 말했다. "제가 비록 민첩하지는 못하지만 이 말

씀을 따르고자 합니다."　　　　　　　　　　　　　　　　－《논어》

◎ 《주역》에서 말했다. "산 아래에 연못이 있는 것이 손괘(損卦)다. 군
자는 분노를 억눌러 가라앉히고 욕심을 억제한다."

　　　　　　　　　　　　　　　　　　　　　－《주역·손괘·상전(象傳)》

✝ 손괘는 육십사괘 가운데 41번째 괘인데 산(☶) 아래에 연못(☱)이
놓여진 괘를 말한다. 산의 모습을 보고 분노를 가라앉히고 연못의 형
상을 보고 욕심을 막아 내야 한다는 의미다. 그러므로 산을 꺾듯이 분
노를 가라앉히고 구덩이를 메우듯 욕심을 막아야 하는 것이다. 사람의
감정 가운데 가장 제어하기 어려운 것이 분노다. 또한 사람이 선하지
않게 되는 원인은 욕심이 유혹하기 때문이다. 따라서 이 두 가지를 제
어하는 것을 극기의 기본으로 보았다.

기질을 바로잡는 공부 : 면강(勉强)

◎ 널리 배우고 자세하게 물으며, 신중히 생각하고 분명하게 분별하
며, 독실하게 행하여야 한다. 배우지 않을지언정 배우면 익숙해지
지 않고는 그만두지 않는다. 묻지 않을지언정 물으면 알지 않고는
그만두지 않는다. 생각하지 않을지언정 생각하면 얻지 않고는 그
만두지 않는다. 분별하지 않을지언정 분별하면 분명하지 않으면
그만두지 않는다. 행하지 않을지언정 행하면 독실하지 않고는 그
만두지 않는다. 다른 사람이 한 번에 해내면 나는 백 번을 하며, 다

른 사람이 열 번에 해내면 나는 천 번을 한다. 과연 이렇게 할 수
있다면 비록 어리석더라도 반드시 밝아지며, 비록 유약하더라도
반드시 강해진다.　　　　　　　　　　　　　　　　　-《중용》

　하나의 기의 근원은 아주 맑고 텅 빈 듯하지만 오직 양(陽)이 움직
이고 음(陰)이 움직이지 않고 고요하게 있는데, 혹은 상승하고 혹은
하강하면서 제멋대로 섞이게 됩니다. 이렇게 합해져서 바탕[질(質)]을
이루는데 마침내 가지런하지 못하게 되는 것입니다. 사물이 한쪽으
로 치우치거나 막히면 변화시킬 방법이 없습니다. 그런데 오직 사람
만은 비록 맑고 흐리며 순수하고 뒤섞인 차이가 있더라도 마음은 텅
비고 맑아서 변화할 수 있는 것입니다. 그러므로 맹자가 "사람은 모
두 요임금이나 순임금처럼 될 수 있다."라고 했으니 이 말이 어찌 거
짓이겠습니까?
　기가 맑고 바탕이 순수한 사람은 알고 실천하는 데 힘쓰지 않아도
할 수 있기 때문에 더할 것이 없습니다. 기가 맑지만 바탕이 흐린 사
람은 알 수는 있어도 실천하지 못합니다. 만약 몸소 실천하는 데 힘
을 써서 반드시 성실하고 독실하면 실천에 이를 수 있고 유약한 사람
도 강해질 것입니다. 바탕은 순수하지만 기가 흐린 사람은 실천할 수
있지만 알지는 못합니다. 만약 묻고 배우는 데 힘을 써서 반드시 성
실하고 정밀하게 하면 지식을 완성할 수 있으며 어리석은 사람도 현

명하게 될 것입니다. 또한 세상의 모든 기술이나 예능을 태어나면서부터 아는 사람이 어디 있겠습니까? 음악을 배우는 한 가지 일을 가지고 시험 삼아 말씀드리겠습니다.

어린 남녀가 처음 거문고와 비파를 배우면서 손가락을 움직이고 소리를 낼 때 그 소리는 사람들이 귀를 가릴 만큼 듣기 싫겠지만 그가 쉬지 않고 노력하면 점차 맑은 소리를 내게 될 것입니다. 그리고 원만하게 연주를 잘하는 경지에 이르게 되면 소리가 맑고 조화롭게 되어 오묘함이 말로 표현할 수 없을 것입니다. 어린 남녀가 어찌 태어나면서부터 잘 연주할 수 있겠습니까? 실제로 힘을 다하여 익히고 배워서 그렇게 된 것일 뿐입니다. 모든 기예가 그렇지 않은 것이 없습니다. 학문이 타고난 기질을 변화시킬 수 있다는 것도 어찌 이와 다르겠습니까? 아, 슬픈 일입니다. 절묘한 기예를 가진 기술자들은 있지만 학문을 하여 기질을 변화시킨 사람은 볼 수 없고 다만 지식을 넓히고 말과 글을 풍부하게 하는 것에만 힘쓰는 사람들뿐입니다.

강한 사람이 마침내 부드럽게 되는 경우를 보지 못했고, 부드러운 사람이 마침내 강하게 되는 것을 보지 못했습니다. 탐욕을 가진 사람이 청렴해지는 것을 보지 못했고, 인내하지 않는 사람이 자애롭게 되는 것을 보지 못했으며, 경솔한 사람이 신중하게 되는 것을 보지 못했습니다. 그렇다면 사람이 실제 힘쓰는 것은 단지 기술자들의 기예

일 뿐이요 학문에 있는 것이 아닙니다. 이 얼마나 슬픈 일이겠습니까? 바라옵건대 슬기롭게 유념하시옵소서.

7. 양기(養氣)-바른 기운을 길러라

기질을 고쳐서 다스리는 것은 마땅히 극진하게 해야 하며, 기질을 보호하고 기르는 것도 치밀해야 합니다. 바른 기운을 보호하고 기르는 것이 바로 잘못된 기질을 고쳐 다스리는 일입니다. 이것은 실로 두 가지 일이 아닌데 말할 때에 각각 중심이 되는 점이 있기 때문에 나누어서 두 장으로 만든 것입니다.

뜻과 기를 길러라

◎ 맹자가 말했다. "마음을 기를 때는 욕심을 적게 하는 것보다 더 좋은 것이 없다. 사람됨에서 욕심이 적으면 비록 본심을 보존하지 못하더라도 잃는 정도는 적을 것이다. 사람됨에서 욕심이 많으면 비록 본심을 보존하더라도 보존하는 정도가 적을 것이다."

－《맹자》

◎ 나는 나의 호연지기(浩然之氣, 하늘과 땅 사이에 가득 찬 넓고 큰 기운)를 잘 기른다. 그 기란 지극히 크고 지극히 강해서 곧게 길러서 해치

지 않으면 천지 사이에 가득 차게 될 것이다. 그 기는 도와 의에 짝이 되니, 이것이 없으면 몸이 시들어 버린다. 이 기는 의를 모아 생기는 것이요, 의가 밖에서 일시적으로 닥쳐와서 얻어지는 것이 아니다. 행동해서 마음에 만족치 못하게 되면 호연지기는 시들어 버린다. －《맹자》

혈기도 함께 길러라

◎ 공자가 말했다. "군자에게는 세 가지 경계할 점이 있다. 젊었을 때에는 혈기(血氣, 형체가 생기면서 지니게 되는 기질)가 아직 정해지지 않았기 때문에 여색을 경계하고, 장성해서는 혈기가 왕성하기 때문에 싸움을 경계하고, 늙어서는 혈기가 쇠약해졌기 때문에 재물 얻는 것을 경계해야 한다." －《논어》

◎《주역》에서 말했다. "언어를 조심하고 음식을 절제하라."

－《주역·이괘·상사》

인의의 마음은 모든 사람이 똑같이 받았지만 타고난 성품에 따라 열리고 닫힌 것이 있으며, 진실로 으뜸 되는 기[진원지기(眞元之氣)]는 사람들이 똑같이 소유하고 있지만 혈기에는 허(虛)와 실(實)이 있습니다. 인의의 마음을 잘 기르면 닫힌 것이 열릴 수 있으며, 하늘로부터 받은 명을 온전하게 보존할 수 있습니다. 으뜸 되는 기를 잘 기르면 텅 빈 허가 가득 채워져 실이 될 수 있으며, 천명을 보존할 수 있습니다.

기를 잘 기르는 방법은 다른 사물에 의지하지 않고 단지 흔들리거나 손상됨이 없게 하면 됩니다. 천지 사이에 있는 기의 변화는 끊임없이 생명을 창조하며 한순간도 멈춤이 없습니다. 사람의 기도 천지와 서로 통하기 때문에 양심이나 참된 기운도 천지의 기와 함께 성장하는 것입니다. 오직 손상되는 데는 여러 가지 이유가 있는데, 성장하는 속도가 소멸되는 속도를 이기지 못하여 전전긍긍하다가 결국 사라지게 되는 것입니다. 그러므로 마음은 금수처럼 되고 기는 일찍 시들어 버리니 두렵지 않을 수 있겠습니까?

양심을 해치는 것은 이목구비(耳目口鼻)와 사지의 욕망인데, 참된 기를 해치는 것도 역시 이러한 욕망들입니다. 귀와 눈이 소리와 색을 좋아하면 진실로 마음에 해가 되며, 음란한 소리와 아름다운 색은 뼈를 손상시키는 도끼나 톱과 같은 것입니다. 입이나 몸이 즐기는 것이 있다면 진실로 마음에 해가 되며, 입을 유쾌하게 만드는 맛은 반드시 오장을 상하게 합니다. 편안하게 즐기는 것은 근육과 맥을 느슨하게 하여 마침내 움직이거나 휴식을 취할 때조차 바르지 못하게 만듭니다. 기쁨이나 노여움이 중용의 도를 잃어버리면 마음이 날로 더욱 방종하게 되고, 기는 날로 더욱 방탕해져 마침내 하나의 기도 이어지지 못하고 몸의 온갖 뼈도 끊어지게 될 것입니다. 그렇게 된다면 장차 어떻게 천명을 보존하여 길이 세상에 남겠습니까? 그러므로 마음을 기르는 일과 기를 기르는 일은 실로 한 가지 일입니다. 양심이 날마다 무럭무럭 자라고, 양심을 해치는 것이 없어져서 마침내 가려진 것조차 모두 제거된다면 호연지기가 성대하게 흘러 넘쳐 천지와 더불어 한몸이 될 것입니다. 죽고 사는 것과 장수하고 요절하는 것은 비록 정해진 운명이 있지만 나에게 있는 도리는 다할 수 있을 것이니 어찌 스스로 만족스럽지 않을 수 있겠습니까? 바라옵건대 유념하시옵소서.

8. 정심(正心)-마음을 바르게 하라

위의 두 장에서 언급한 공부는 정심에 관한 것인데 각각 주장하는 것이 있기 때문에 별도로 정심을 중심에 놓은 선현의 말을 편집하여 함양과 성찰의 의미를 자세하게 전개했습니다. 주자가 말하기를 "경(敬)은 성인의 문하에서 제일 중요한 의미를 갖는 것이므로 철두철미하게 해야 하며 중간에 끊어져서는 안 된다."라고 했습니다. 그러므로 이 글의 요지는 경을 중심으로 삼았습니다. (3장의 수렴은 경의 시작이고, 이 장은 경의 끝입니다.)

함양

◎ 맹자가 말했다. "자기 마음을 잘 보존해서 본성을 올바르게 기르는 것이 하늘을 섬기는 것이다."　　　　　　　　　　－《맹자》

✤ 함양이란 마음을 수양하고 닦는 것을 말한다. 인간의 타고난 본성은 선하지만 후천적인 습관에 의해서 악하게 변한다. 따라서 타고난 선한 본성을 잘 보존하고 길러야 하는 것이다. 심성은 하늘이 내게 준 것이므로 잘 보존하고 기르지 못한다면 하늘을 섬기는 도리가 아니다. 함양의 방법에는 학문을 통해서 함양하는 방법도 있고 정좌를 통해서 함양하는 방법도 있다. 어느 것이든 타고난 마음과 본성을 잘 보존하고 물욕에 물들지 않게 하며 끊임없이 갈고닦는 수양의 길을 통해서 이루어진다.

성찰

◎ 성인(聖人)이라도 생각하지 않으면 미치광이가 되고, 미치광이라도 잘 생각하면 성인이 된다.　　　　　　　　－《서경·주서·다방(多方)》

◎ 공자가 말하기를 "마음이란 잡으면 남아 있고 버리면 없어진다. 때 없이 드나들어 정처를 알 수 없는 것이란 마음을 두고 하는 말이다."라고 하셨습니다.　　　　　　　　　　　　　　－《맹자》

◎ 마음속에 분노하고 성내는 것이 있으면 바르게 되지 못하고, 두려워하는 것이 있으면 바르게 되지 못한다. 좋아하고 즐기는 것이 있

으면 바르게 되지 못하고, 근심하고 걱정하는 것이 있으면 바르게
되지 못한다. 마음이 없으면 보아도 보이지 않고, 들어도 들리지
않으며, 먹어도 그 맛을 알지 못한다.　　　　　　　　　　-《대학》

함양과 성찰

◎ 이윤(伊尹, 은나라를 세운 탕왕의 어진 재상)이 말했다. "이 하늘의 밝은
　명을 돌아보라."　　　　　　　　-《서경·상서·태갑(太甲)》

◎ 공경하지 않는 것이 없고, 엄숙하게 무엇을 생각하듯 하며, 말을
　안정되게 하라. 그러면 백성들을 편안하게 할 수 있을 것이다.
　　　　　　　　　　　　　　　　　　　　-《예기》

◎ 군자는 공경함[敬]으로써 내면을 곧게 하고 의리[義]로써 외면을 반
　듯하게 하여 공경과 의리가 확립되면 덕이 외롭지 않게 된다.
　　　　　　　　　　　　-《주역·곤괘·문언전(文言傳)》

◎ 공경함이 게으름을 이기면 길(吉)하고, 게으름이 공경함을 이기면
　멸망하며, 의리가 욕망을 이기면 순리대로 살고, 욕망이 의리를 이
　기면 흉(凶)하게 된다.　　　　　　-《대대례기(大戴禮記)》

함양과 성찰을 겸하여 말함

◎ 공자가 말했다. "사악한 것을 막고 성실함을 보존하라."
　　　　　　　　　　　　　　-《주역·건괘·문언전》

◎ "《시경》 삼백편을 한마디 말로 표현한다면 생각에 사악함이 없다고
  할 수 있다."   -《논어》, 공자의 말

마음의 본체는 텅 비고 맑아서 빈 거울 같고 평평한 저울 같습
니다. 그런데 이 마음이 사물에 감응하여 움직이면 칠정이 반응하게
되는데 이것이 바로 마음의 작용입니다. 오직 기(氣)가 구애받고 욕심
이 가려서 본체가 확립될 수 없으므로 작용이 바름을 잃기도 합니다.
그 병통(病痛, 깊이 뿌리박힌 잘못이나 결점)은 어둡고 혼란한 데 있을 뿐입
니다.

어둠의 병통은 두 가지가 있습니다. 하나는 지혜가 어두운 지혼(智
昏)인데 이것은 이치를 연구하지 않아서 시비를 가리는 데 어두운 것
을 말합니다. 두 번째는 기가 어두운 기혼(氣昏)인데 게으르고 방탕하
여 잠잘 것만 생각하는 것을 말합니다.

혼란함의 병통에도 두 가지가 있습니다. 하나는 악념(惡念)인데 바
깥의 사물에 유혹되어 사욕을 따지는 것을 말합니다. 두 번째는 부념
(浮念, 확실하게 정해져 있지 않은 생각. 선도 아니고 악도 아니기 때문에 부념이라
고 말한 것이다.)인데 생각이 산란하게 일어나 끊어지지 않는 것을 말합
니다. 보통 사람들은 두 가지 병통에 빠져 곤란하게 됩니다.

사물에 감응되기 전에는 어둡지 않으면 혼란하여 이미 발현되기
전의 중(中)을 잃어버리고, 사물에 감응되었을 때는 지나치지 않으면

모자라게 됩니다. 그런데 어떻게 발현된 이후의 조화를 얻을 수 있겠습니까? 군자는 이런 상태를 걱정합니다. 그러므로 이치를 연구하여 선을 밝히고, 의지를 돈독하게 하여 기를 거느리며, 함양하여 성실함을 보존하고, 성찰하여 거짓을 제거하여 이것으로 어둡고 혼란함을 다스리는 것입니다.

이렇게 되면, 감응하기 이전에는 지극히 텅 비고 고요하여 이른바 빈 거울이나 평평한 저울 같은 본체를 얻게 되어 비록 귀신이라 할지라도 그 사이를 엿볼 수 없고, 감응하게 되면 절도에 맞지 않음이 없어서 빈 거울이나 평평한 저울 같은 쓰임이 사방으로 흘러가서 막힘이 없으니 올바르고 당당하며, 밝게 빛남이 천지와 더불어 변화할 것입니다.

학자가 힘을 써도 가장 효과를 얻기 어려운 것은 부념입니다. 악념이 가득 찼더라도 진실로 성실하게 선에 뜻을 두면 다스리기가 쉽습니다. 그런데 부념은 아무 일이 없을 때에 문득 생겨났다가 사라져 출처가 어딘지 알 수 없습니다. 사마온공[司馬溫公, 북송 시대의 학자이자 정치가인 사마광을 말한다. 역사서인 《자치통감》을 편찬했다.]같이 성실한 의지를 가진 사람도 오히려 생각이 산란해지는 것을 걱정했는데 하물며 초학자들이야 말해 무엇 하겠습니까?

학자는 항상 경을 위주로 하여 한순간도 잊지 말아야 합니다. 일이 있을 때는 한 가지만을 중심에 두고 마땅히 멈출 데에서 각각 멈추게 하며, 일이 없어 고요히 앉아 있을 때 생각이 일어나면 반드시 무슨 일인지 잘 살피고 깨달아야 합니다. 만약 나쁜 생각이면 용감하게 끊어 버려 털끝만큼이라도 자라나지 않게 하고, 좋은 생각이면서 마땅히 사유해야 할 것이라면 그 이치를 깊이 생각하고 깨닫지 못한 것도 깨닫도록 하여 이 이치를 미리 밝혀야 합니다.

이렇게 학문을 하는 데는 밤낮으로 부지런히 힘써서 빨리 완성되기를 바라지 않고 의지를 나태하게 만들지 않아야 합니다. 만약 힘을 얻지 못하여 답답하고 무료한 생각이 들면 반드시 털어 버리고 마음을 깨끗이 씻어 잡념이 하나도 없게 해야 합니다. 그리고 기상을 맑고 온화하게 하여 오랜 시간 동안 잘 자라게 해서 자리 잡는 데 이르면 항상 이 마음이 우뚝 확립되어 사물에 끌려다니지 않게 됩니다. 그렇게 된다면 내가 뜻하는 바대로 모두 되어, 본체의 밝음이 가려지지 않고 밝은 지혜가 사방에 비춰져 법도가 어긋나지 않을 것입니다. 가장 옳지 않은 것은 갑자기 효과가 나타나기를 기대했다가 효과가 없으면 문득 물러설 생각을 갖는 것입니다. 마음을 바르게 하는 정심은 죽을 때까지 힘써야 할 일입니다. 바라옵건대 유념하시옵소서.

9. 검신(檢身) - 자신의 몸을 다스려라

마음을 바르게 하는 정심은 내면을 다스리는 것이요, 몸을 다스리는 검신은 외면을 다스리는 것입니다. 그런데 사실은 동시에 하는 일이지 오늘 정심하고 내일 검신하는 것이 아닙니다. 공부를 하는 데 구별을 지은 것은 내외가 다르기 때문입니다. 그래서 두 장으로 나눈 것입니다.

몸을 공경하고 예를 갖추어라

◎ 공자가 말했다. "군자는 공경하지 않음이 없는데, 몸을 공경하는 것이 가장 중요하다. 몸이라는 것은 어버이의 몸에서 나온 가지이니 감히 공경하지 않을 수 있겠는가? 자기 몸을 공경하지 않는 것은 어버이를 손상시키는 것이요, 어버이를 손상시키는 것은 근본을 손상시키는 것이요, 근본이 손상되면 가지도 따라서 죽게 된다." –《예기》

◎ 군자는 간사한 소리와 어지러운 빛이 총명함을 가리지 않게 하고, 음란한 음악과 사악한 예절이 마음에 접촉하지 못하게 하며, 게으르고 간사하고 편벽한 기운이 몸에 베풀어지지 않게 하여 귀·눈·코·입·마음·몸으로 하여금 모두 정도에 따라서 옳은 것을 행하도록 한다. –《예기》

행동과 모습은 위엄 있게 하라

◎ 증자가 말했다. "군자가 귀하게 여기는 도가 세 가지 있는데 얼굴 표정을 드러낼 때에는 사나움과 게으름을 멀리해야 하고, 안색을 마주칠 때에는 믿음에 가깝게 하고, 말과 소리를 낼 때에는 저속함과 거슬리는 말을 멀리해야 한다. 제사를 지내는 일은 유사(有司, 일을 맡은 실무 담당자)가 담당하면 된다." —《논어》

◎ 무릇 시선이 남의 얼굴보다 위로 올라가면 거만한 것이요, 허리띠 아래로 내려가면 근심하는 것이요, 옆으로 기울면 간악한 것이다. —《예기》

◎ 선생님(공자)은 자른 것이 바르지 않으면 먹지 않고, 자리가 반듯하지 않으면 앉지 않으셨다. —《논어》

◎ 《시경》에서 말했다. "훌륭한 군자여, 그 위엄 있는 모습이 도리에 어긋나지 않는구나. 그 위엄 있는 모습이 도리에서 어긋나지 않으니 사방의 나라를 바로잡을 수 있을 것이다." —《시경·조풍(曹風)·시구(鳲鳩)》

항상 경계하라

◎ 소공(召公, 무왕의 신하)이 무왕(은나라 폭군 주왕을 몰아내고 주나라를 세움)에게 말했다. "현명한 임금께서는 덕을 조심해야 합니다. 덕이 성대하면 하찮게 여기거나 업신여기지 않습니다. 군자를 하찮게 여

98

기고 업신여기면 사람의 마음을 바치게 할 수 없고, 소인을 하찮게
여기고 업신여기면 힘을 바치게 할 수 없습니다. 귀와 눈의 유혹에
끌려다니지 말고 온갖 법도를 바르게 하십시오. 이른 아침부터 밤
늦게까지 혹시라도 부지런하지 않음이 없게 하십시오. 작은 행실
을 삼가지 않으면 마침내 큰 덕에 누를 끼치게 됩니다. 아홉 길의
산을 만드는데 한 삼태기 때문에 공이 무너지는 것입니다."

　　　　　　　　　　　　　　　　　　　　 −《서경·주서·여오(旅獒)》

　마음은 몸의 주인이고 몸은 마음을 담는 그릇입니다. 주인이 바르
면 그릇도 마땅히 바르게 됩니다. 다만 저절로 바르게 되도록 맡겨
둘 수 없으니 단속하지 않으면 안 됩니다. 그러므로 《대학》의 차례에
서 수신이 정심 뒤에 있는 것입니다. 학문을 하는 방법은 얼굴 표정
과 보고 듣는 것, 언어와 거동이 한결같이 하늘의 이치에 따르면 될
뿐입니다. 사람의 몸과 모양은 하늘에서 타고난 천성(天性)인데 사람
의 몸이 동정(動靜)하는 속에 어찌 하늘의 법칙이 없겠습니까? 격물과
치지는 이 법칙을 밝히는 것이요, 성의·정심·수신은 이 법칙을 실천
하는 것입니다. 이 두 가지가 갖춰진 다음에 타고난 대로 실천할 수
있게 됩니다.
　세상 사람 가운데 얼굴이나 겉모습은 잘 꾸며서 매우 볼 만하지만
마음으로 본심을 보존하려는 노력을 하지 않는 사람들이 있습니다.

이러한 사람들은 정말 담을 뛰어넘는 도둑에게 비유할 수 있으므로 논의 대상조차 되지 않습니다. 타고난 자질이 욕심이 적어 바깥 사물에 흔들리지 않고 편안하게 스스로 즐기며, 단지 안으로 마음을 바르게 하고 반드시 외모에 구애받지 않는 사람이라 하더라도 역시 도에 들어가지 못하고 끝내 세상 사람들이 좋은 사람이라고 여기는 정도가 될 수 있습니다. 하물며 밖으로 드러내는 모습을 장중하게 하지 않으면 마음도 게으르게 되어 방탕하게 되지 않는다는 보장을 할 수 없습니다. 그렇기 때문에 마음을 바르게 하고 또한 몸을 단속하지 않을 수 없는 것입니다. 몸이 단속되지 않는 것은 마음이 바름을 얻지 못했기 때문입니다. 진실로 마음을 바르게 할 수 있다면 무슨 일이든 바른 것을 추구하지 않을 수 없을 것입니다. 어찌 자기의 몸이 부정한 이치에 안주하도록 하겠습니까? 그러므로 몸이 닦여지지 않는 것은 곧 마음이 바르지 않기 때문입니다. 바라건대 총명한 생각으로 유념하시옵소서.

10. 회덕량(恢德量) - 덕량을 넓혀라

상편 9장에서 이미 수기의 차례를 자세히 말했습니다. 여기서는 다시 회덕량, 보덕, 돈독의 3개의 장으로 나머지 의미를 거듭 말하고자 합니다. 덕량이 넓지 못하면 적은 것을 얻어도 만족하고, 한쪽 구석에 치우쳐서 높고 밝으며 넓고 두터운 경지에 나가지 못하게 됩니다. 그러므로 회덕량이 검신 다음에 오는 것입니다.

덕량을 넓히는 방법

◎ 공자가 말했다. "잘한 일이 있으면 다른 사람이 했다고 하고, 잘못된 일이 있으면 자신이 했다고 한다. 그러면 백성들이 다투지 않을 것이다. 그러므로 군자는 자기가 잘하는 것을 가지고 남을 병들게 하지 않으며, 남이 못하는 것을 가지고 그 사람을 부끄럽게 하지 않는다."
　　　　　　　　　　　　　　　　　　　　　　　　　　－《예기》

◎ 선을 가졌다고 생각하면 그 선을 상실하고, 재능을 자랑하면 공을 상실할 것이다.
　　　　　　　　　　　　　　　　　　－《서경·상서·열명(說命)》

◎ 《주역》에서 말했다. "땅의 형세는 곤(坤)이니 군자가 본받아서 두터운 덕으로 만물을 떠받친다."
　　　　　　　　　　　　　　　　　　－《주역·곤괘·상사》

✤ 땅은 음이니 어머니처럼 세상 만물을 낳고 길러 주는 존재다. 따라서 군자는 이런 두터운 땅의 형세를 보고 깊고 후한 덕으로 만물을 용납하고 실어서 그 덕을 널리 펼친다는 뜻이다.

◎ 포용하고 너그러우며 빛나고 커서 만물이 모두 두루 통한다.
　　　　　　　　　　　　　　　　　　－《주역·곤괘·상사》

✤ 이 네 가지는 땅의 도리인 곤도를 나타낸 말이다. 곤도는 건도(乾道, 하늘의 도)를 받들어 만물을 생성·변화시킨다. 따라서 이 네 가지 땅의 도리가 있기 때문에 하늘의 도리를 받들어 천하에 그 공덕을 드러내고 만물이 모두 두루 통할 수 있게 한다.

대중을 포용하는 덕량을 갖춰라

◎ 《주역》에서 말했다. "군자는 명이괘(明夷卦)를 보고 백성을 대할 때에 어둠을 써서 점차 밝게 한다."　　　　　-《주역·명이괘·상사》

✤ 명이괘는 땅[☷] 아래에 태양[☲]이 떨어져 있어 암흑이 지배하고 있는 형상으로, 어리석은 사람이 위에 자리 잡고 있어서 재능 있는 부하를 억압하는 것을 의미한다. 이러한 때에는 내면의 충실을 기해야 하는데, 고난 속에서 길러진 능력이 마침내 빛나게 될 것이다. 어둠을 써서 밝게 한다는 말은 지나치게 자신의 능력을 드러내면 두루 살피는 데 소홀해질 수 있기 때문에 어둠을 써서 차츰 밝게 만들어야 서로 화합하고 너그러워진다는 말이다.

◎ 사악한 사람에게 화를 내거나 미워하지 말고, 한 사람에게 완벽하게 갖추기를 요구하지 말라. 반드시 인내심이 있어야 성취하며, 포용함이 있어야 덕이 커질 것이다.　　　　　-《서경·주서·군진(君陳)》

공평한 도량을 넓혀라

◎ 치우침이 없고 기울어짐이 없이 왕의 의리를 따르고, 개인적으로
좋아하는 것을 만들지 말고 왕의 도리를 따르며, 개인적으로 싫은
것을 만들지 말고 왕의 길을 따르라. 치우침이 없고 편을 가르지도
않으면 왕의 도가 넓고 커질 것이며, 편을 가르지도 않고 치우침이
없으면 왕의 도가 평이하게 전달될 것이며, 도리에 어긋나지 않고
기울지도 않으면 왕의 도가 정직할 것이다.

－《서경·주서·홍범》

덕량이 넓지 못한 것은 기질의 병에서 나오는 것입니다. 덕량을 넓
히는 방법은 다른 공부를 필요로 하는 것이 아니라 기질을 바로잡는
한 가지 일에 있습니다. 그런데 별도로 하나의 장을 만든 것은 임금
의 덕이 더욱 도량을 크게 하는 것에 있기 때문에 특별히 강조한 것
입니다.

천승[千乘, 승은 수레를 말하는데, 주나라 때에는 전시에 천자(天子)는 만
승(萬乘)을, 제후는 천승을 지닐 수 있었다.]의 나라를 얻고도 크게 생각
하지 않고 겸손한 사람도 있고, 작은 벼슬을 얻고도 큰 것을 얻은 양
거만하게 구는 사람이 있는데, 이것은 덕량의 크고 작은 차이 때문입
니다. 덕량이 작은 사람에게는 세 가지 병폐가 있습니다. 첫째는 한
쪽으로 치우치는 편곡(偏曲)이고, 둘째는 스스로 만족하는 자긍(自矜)

이며, 셋째는 이기기를 좋아하는 호승(好勝)입니다. 한쪽으로 치우친 사람은 꽉 막히고 넓지 못해서 공정한 마음으로 이치를 살피지 못합니다. 스스로 만족하는 사람은 적은 것을 얻는 것에 만족하여 겸손한 마음으로 덕에 나아가지 못합니다. 이기기를 좋아하는 사람은 자신의 나쁜 점을 감추는 데 빠져, 자신을 비우고 선을 따르지 않습니다. 이 세 가지는 사심(私心)에 불과할 뿐입니다.

아! 하늘과 사람은 하나이므로 다시 나눌 수가 없지만, 오직 천지는 사사로움이 없고 사람은 사사로움이 있습니다. 그러므로 사람은 천지와 더불어 위대함을 같이할 수 없는 것입니다. 성인은 사사로움이 없기 때문에 덕이 천지에 합치되며, 군자는 사사로움을 제거하기 때문에 행실이 성인에 합치되는 것입니다. 학자는 마땅히 사사로움을 제거하는 데 힘을 써서 덕량을 넓히고 군자와 성인에 이르기를 꾀해야 합니다. 사사로움을 다스리는 방법은 오직 배우는 것뿐입니다. 학문이 진전되면 덕량도 올라갈 것이며, 타고난 자질의 좋고 나쁨도 논할 것이 못 됩니다. 끊임없는 노력으로 마음이 넓어져 털끝만큼의 사사로움도 없어지게 된다면 비록 순임금과 우왕이 천하를 소유했을지라도 그것에 관여하지 않고, 문왕이 도를 깨달았더라도 아직 깨닫지 못했다고 생각하는 것처럼 될 것입니다. 전하께서는 유념하시기를 엎드려 바라옵니다.

11. 보덕(輔德) - 사람들을 통해서 자신의 덕을 보충하라

천자에서 필부에 이르기까지 친구를 통해서 덕을 완성하지 않은 사람은 없습니다. 증자가 말한 "친구를 통해서 자신의 인을 보충한다."라는 말이 이것입니다. 자신을 다스리는 조목들은 이미 앞에서 갖추었기 때문에 보덕을 그다음에 두었습니다. 그리하여 올바른 선비를 친하게 대하고 간언을 따라서 허물을 고치는 의미에 대해 논술했습니다.

올바른 선비와 가깝게 지내라

◎ 공자가 말했다. "유익한 벗이 셋 있고, 손해되는 벗이 셋 있다. 정직한 사람을 벗하고 믿음직스러운 사람을 벗하며 견문이 많은 사람을 벗하면 유익하고, 편벽된 사람을 벗하고 우유부단한 사람을 벗하며 겉으로만 말을 그럴듯하게 잘하는 사람을 벗하면 손해본다."　　　　　　　　　　　　　　　　　　　　　-《논어》

◎ 맹자가 말했다. "임금이 사람을 잘못 썼다고 허물할 것이 못 되고, 정사를 실수했다고 비난할 것이 못 된다. 오직 큰 인물만이 임금의 그릇된 마음을 바로잡을 수 있다. 임금이 인자하면 인자하지 않을 사람이 없고, 임금이 의로우면 의롭지 않을 사람이 없고, 임금이 바르면 바르지 않을 사람이 없다. 한번 임금을 바르게 하면 나라가

안정된다."　　　　　　　　　　　　　　　　　　　　　　　　　　　－《맹자》

간언을 따르라

◎ 《주역》에서 말했다. "산 위에 연못이 있는 것이 함괘(咸卦)다. 군자
　가 함괘를 보고 마음을 비워 남의 의견을 수용한다."

　　　　　　　　　　　　　　　　　　　　　　　　－《주역·함괘·상사》

✦ 함괘는 산[☶] 위에 연못[☱]이 있는 것이다. 산과 연못의 기운이
서로 통하는 형상을 보고 속마음을 비워야 사람에게 받아들여지는 것
이다. 마음을 비운다는 것은 사사로움이 없는 것이며 그렇게 되면 누
구나 느껴서 서로 통하게 된다. 이 괘를 사람에게 비유하면 연못은 젊
은 여자를, 산은 젊은 남자를 뜻하는데 남자가 여자에게 사랑을 구하
는 상이다. 따라서 음양의 기운이 서로 통해 좋아지는 괘다. 자신의
마음을 비우고 남의 말을 들어야 한다는 의미를 내포하고 있다.

◎ 강하게 결단하여 행하면 바름을 얻더라도 위태롭다.

　　　　　　　　　　　　　　　　　　－《주역·이괘(履卦)·구오 효사》

✦ 이괘는 하늘[☰] 아래 연못[☱]이 있는 상이다. 그리고 이 괘의 구
오는 임금의 자리다. 임금이 지나치게 강직하게 일을 하면 비록 바르
게 되더라도 반드시 위태롭게 된다는 것을 의미한다. 따라서 보잘것없
는 사람의 말이라도 널리 들어서 많은 사람과 의논한 뒤에 일을 처리

해야 바르게 처리되는 것이다.

◎ 고종(高宗, 은나라의 어진 임금)이 부열(傳說)에게 명하여 말했다. "너의 솔직한 마음으로 나에게 가르침을 주어 내 마음이 흡족하게 하여라. 만약 약이 독해서 아찔할 정도로 효력이 강하지 않으면 병이 낫지 않으며, 만약 맨발로 걸으면서 땅을 주의해서 살피지 않으면 발이 상처를 입게 될 것이다." 부열이 왕에게 대답했다. "나무를 자를 때 먹줄을 따라서 자르면 바르게 되고, 임금이 간언을 따르면 성군이 됩니다. 임금이 성군이라면 신하들은 명령하지 않아도 그 뜻을 받들거늘 누가 감히 왕의 아름다운 명령에 공손하게 따르지 않겠습니까?"
                                                    ─《서경·상서·열명》

✢ 부열은 은나라의 어진 재상으로 고종이 부열을 얻게 되는 경위와 부열의 어진 정사를 기록한 것이 《서경》〈열명〉편이다. 유비무환(有備無患)은 바로 부열이 고종에게 한 말에서 유래한 고사다.

◎ 공자가 말했다. "바르게 알려 주는 말을 따르지 않을 수 있겠는가? 잘못을 고치는 것이 귀중한 것이다. 완곡하게 하는 말을 따르지 않을 수 있겠는가? 실마리를 찾는 것이 귀중한 것이다. 완곡한 말에 기뻐하기만 하고 실마리는 찾지 않으며 말을 따르는 척하면서 잘못을 고치지 않는다면, 나도 어찌할 수가 없다."   ─《논어》

허물을 고쳐라

◎《주역》에서 말했다. "바람과 우뢰가 익괘(益卦)다. 군자는 익괘를 본받아 착한 것을 보면 그쪽으로 옮겨 가고 허물이 있으면 고친다."

-《주역·익괘·상사》

✤ 익괘는 바람[☴] 아래에 천둥 번개[☳]가 있는 것이다. 바람이 맹렬하면 우뢰가 빠르고 우뢰가 급해지면 바람도 성내듯이 두 가지가 서로 보탬이 되는 상이다. 따라서 군자는 이것을 보고 자신에게 보탬이 되는 것을 찾는 것이다. 선한 것을 보고 바람처럼 빠르게 자신에게 옮기고, 허물은 번개처럼 단호하게 고쳐야 함을 의미한다.

◎ 공자가 말했다. "허물이 있는데도 고치지 않는 것, 이것을 허물이라고 한다." -《논어》

◎ 자공(子貢, 공자의 제자)이 말했다. "군자의 허물은 일식이나 월식과 같다. 허물이 있으면 사람들이 모두 그것을 보게 되며, 허물을 고치면 사람들이 모두 그것을 우러러본다." -《논어》

◎《주역》에서 말했다. "멀리 가지 않아 다시 돌아오기 때문에 후회하는 일이 없을 것이다. 크게 길하리라."

-《주역·복괘(復卦)·초구 효사》

✤ 복괘는 땅[☷] 아래 우뢰[☳]가 있는 상이다. 음의 기운 아래서 양의 기운이 싹트는 형상으로 장차 봄이 돌아옴을 나타낸다. 살다 보

면 잃어버리는 것이 있는데, 잃고 난 다음에 자신의 자리로 되돌아와서 후회하지 않아야 한다는 말이다. 선한 마음을 가진 사람이 조금 잘못된 일을 하면 그 마음속에 스스로 불안하게 여기는 마음이 싹트게 된다. 이때 다시 원래의 선한 상태로 돌아오면 후회하는 지경까지 이르지 않을 것이므로 크게 길하게 되는 것이다. 자신의 허물을 제거하여 후회하지 않는 지경에 도달해야 함을 말한다.

◎ 《주역》에서 말했다. "돌아오는 길을 잃으니 흉한 것이다. 이것은 군주의 도리에 위반되기 때문이다."

–《주역·복괘·상륙 효의 상사》

○ 정자가 말했다. "자신의 허물을 곧바로 고치고 제자리로 돌아오면 도에 맞는데, 돌아오기를 주저한다면 군주의 도리에서 벗어나 흉하게 된다. 백성의 군주가 된 사람은 선으로 다스려야 하는데, 허물을 짓고도 선으로 돌아올 줄 모른다면 임금의 도리에 어긋난 것이다."

임금의 덕업(德業)을 도와서 완성하는 데는 바른 선비를 친근하게 하는 것보다 더 좋은 것이 없습니다. 또 간언을 따르는 종간(從諫)과 허물을 고치는 개과(改過)를 합해서 하나의 장으로 만든 것은 임금이 어진 사람을 좋아하고 그 사람을 가깝게 대할 뿐만 아니라 장차 그의 좋은 점을 취하여 부족한 것을 보충해야 하기 때문입니다. 그러므로 간언을 하면 반드시 따르고, 허물이 있으면 반드시 고쳐서 덕을 쌓고 학업을 닦는 바탕으로 삼아야 합니다. 만약 부질없이 어진 선비의 명성만 좋아하여 거짓으로 옆에 두기만 하고 간언을 해도 따르지 않고 허물이 있어도 고치지 않는다면 어진 사람이 어찌 헛된 예우[虛禮]에 구애되어 자신의 지조를 잃겠습니까? 그런 선비는 장차 기회를 틈타서 물러나거나 은거하는 것을 즐길 것입니다. 그리하여 임금의 옆에 있는 사람은 아첨하며 총애를 받으려는 무리에 지나지 않을 것입니다. 이와 같이 된다면 나라가 위태롭고 망하지 않을 수 없을 것입니다.

만약 입으로는 어진 사람이라고 일컬으면서 앉아서 명예와 총애만을 받고 충성스러운 간언으로 구원해 주는 유익함이 없다면 어진 사람을 등용한들 무슨 소용이겠습니까? 그러므로 현명한 임금이 신중하게 바른 선비를 선택하여 날마다 그와 함께 있으면 덕으로 사람을 다스리는 마음이 길러지고, 자신의 사욕을 극복하여 선을 따르게 될 것입니다. 그렇게 하면 덕이 날마다 높아지고 학업은 날마다 넓어질 것입니다. 정자가 말하기를 "임금의 덕이 성취되는 것은 경연(經筵, 임금 앞에서 경전을 강론하는 자리)에 책임이 있다."라고 했습니다. 엎드려 바라옵건대 전하께서는 유념하시옵소서.

12. 돈독(敦篤) - 처음과 끝을 돈독하게 하라

수기의 공부에 대해서는 앞에서 자세하게 말씀드렸습니다. 그러나 중도에 그만두는 일이 있을까 걱정되어 다음에 돈독 장을 두었습니다. 《시경》에 이르기를 "처음에는 잘하지 않는 사람이 없지만 잘 마치는 사람이 드물다."라고 했습니다. 이른바 돈독이라고 한 것은 끝을 돈독하게 하라는 것입니다.

돈독한 공부

◎ 증자가 말했다. "선비는 폭넓게 관대해야 하고 강인해야 한다. 책임이 무겁고 길이 멀기 때문이다. 인을 자기의 책임으로 삼으니 또한 무겁지 않겠는가? 죽은 뒤에야 멈추니 또한 멀지 않겠는가?"

-《논어》

◎ 《주역》에서 말했다. "하늘의 운행이 굳건하다. 군자는 그것을 보고 스스로 노력하고 쉬지 않는다."   -《주역·건괘·상사》

✢ 건괘는 위아래가 모두 양(☰)으로 구성되어 있어서 굳세고 강한 기운을 상징한다. 사물로 말하면 가장 왕성한 시기요, 사람으로 말하면 전성기라고 할 수 있다. 그러나 사물이 왕성하면 시들게 되는 것처럼, 이 시기는 더 이상 뻗어 나갈 수 없으므로 항상 조심하고 경계하며 부지런해야 한다. 하늘의 법칙은 지극히 성실하여 쉬지 않는다. 그

러므로 군자는 항상 하늘의 법칙을 이어받아 쉬지 않고 스스로 힘써야
한다.

◎ 군자가 온종일 힘쓰고 저녁에는 두려워하고 조심하면 위태롭기는
할지라도 허물은 없을 것이다.　　　　　　　　　－《주역·건괘·구삼 효사》
　✤ 사람은 누구나 하루 종일 일을 하고 나면 밤에 휴식을 취하고 싶어
진다. 그러나 휴식은 자칫 게으름으로 이어질 수 있다. 따라서 저녁에
도 항상 반성하고 조심하면 위태로운 일이 생겨도 허물이 없을 것이라
는 말이다.

◎ 공자가 말했다. "군자는 밥 한 그릇을 먹는 사이라도 인을 떠나지
않으니, 급할 때에도 반드시 인에 머물며 엎어지고 넘어지는 사이
에도 반드시 인에 머문다."　　　　　　　　　　　　　　　－《논어》

나태함의 병폐

◎ 공자가 말했다. "싹은 돋아났지만 꽃을 피우지 못하는 것도 있고,
꽃은 피웠어도 열매를 맺지 못하는 것도 있다."　　　　　　　－《논어》
◎ 재여(宰予. 공자의 제자)가 낮잠을 자자 공자가 말했다. "썩은 나무는
조각할 수 없고, 썩은 흙으로 쌓은 담장은 흙손질을 할 수가 없다.
내가 재여에게 무엇을 꾸짖겠는가?"　　　　　　　　　　　－《논어》

군자의 학문 자세는 성실함과 독실함에 있습니다. 책임은 무겁고 길이 멀어서 앞으로 나가지 못하면 퇴보하게 됩니다. 만약 성실하고 독실하지 않다면 어떻게 완성할 수 있겠습니까? 공자는 "어려운 일을 먼저하고 얻을 것을 뒤로 미룬다."라고 했습니다. 공부가 지극하면 반드시 효과가 나타나는데 어찌 미리 기간을 정할 수 있겠습니까? 오늘날 사람들의 걱정은 먼저 얻으려고 하는 데 있습니다. 미리 기간을 정하기만 하고 공부는 지극하게 하지 않기 때문에 실천한 지 얼마 되지 않아 게으르고 싫어하는 마음이 생기는 것입니다. 이것이 배우는 사람들의 공통된 병폐입니다.

먼 길을 가는 사람은 한 걸음으로 목적지에 도달할 수 없습니다. 반드시 가까운 데서부터 시작하여 점차 먼 곳에 이르는 것입니다. 높은 곳에 올라가는 사람은 한번에 꼭대기까지 뛰어오를 수 없습니다. 반드시 낮은 곳에서 출발하여 점차 높은 곳으로 올라가는 것입니다. 진실로 길을 잃지 않고 부지런히 힘쓰고 차례대로 움직여 계획을 세워 앞으로 나가고 후퇴하지 않는다면 멀다고 못 갈 곳이 없고 높다고 오르지 못 할 곳이 없을 것입니다. 사람의 마음에는 각각 즐기는 것이 있는데, 학문을 즐거움으로 여기지 않는 사람은 반드시 장애물이 있기 때문입니다. 장애물을 알아서 힘껏 제거해야 합니다. 소리와 색에 가려진 사람은 노래와 여색을 멀리하는 데 힘쓰고, 재물에 가려진 사람은 재물을 천하게 여기고 덕을 귀하게 여기도록 힘써야 하며, 한쪽으로 치우치고 사사로운 것에 가려진 사람은 자신의 욕망을 버리고 타인을 따르도록 힘써야 합니다.

　무릇 장애물이 있으면 뿌리부터 잘라 내는 데 힘을 쓰고, 진실로 공부를 하려는 사람은 어렵고 쉬운 것을 헤아리지 않아야 합니다. 용감하게 앞으로 나가서 힘껏 전진하며, 어려움을 참아 내고 단연코 물러서지 않는다면 공부를 하는 상태가 처음에는 힘들고 막히다가 나중에는 점차 소리가 서로 통하게 되며, 처음에는 매우 어지럽다가 나중에는 점차 정리될 것입니다. 또한 처음에는 매우 어렵고 어색하지만 나중에는 점차 통하고 유익하게 될 것이며, 처음에는 매우 욕심이 없다가 나중에는 학문에 맛을 느끼게 되어 반드시 마음이 발현되어 학문을 즐거움으로 여기게 될 것입니다. 그러면 천하의 사물 가운데 학문을 하는 것보다 더 중요한 것이 없게 될 것입니다. 어느 겨를에 바깥에 신경을 쓰고 학문을 게을리하고 더디게 하겠습니까? 이것이 바로 안자(顔子)가 "멈추려 해도 멈출 수 없었다."*라고 말했던 까닭입니다. 원컨대 밝은 생각으로 유념하시옵소서.

---

*《논어》〈자한〉편에 나오는 말로 안연이 스승인 공자에 대해서 표현한 말이다. "우러러 볼수록 더욱 높고, 뚫으면 뚫을수록 더욱 단단하고, 바라볼 때는 앞에 있는 것 같았는데 홀연히 뒤에 계신다. 선생님께서는 차례대로 사람을 잘 이끌어 주시고, 글로 나를 넓혀 주시고, 예로 나의 행실을 단속해 주셨다. 멈추려 해도 멈출 수 없어서 이미 나의 재주를 다했지만 마치 우뚝 내 앞에 서 있는 것 같다. 비록 그를 따르고자 하지만 어디서부터 시작해야 할지 모르겠다."

13. 수기공효(修己功效) - 수기의 효과

공부에 힘을 쓰면 반드시 효과가 있습니다. 그러므로 그다음에 공부의 효과를 두었습니다. 지식과 실천을 겸비하고 겉과 속을 한결같이 해서 성인의 경지에 들어가는 상태를 모두 말했습니다.

지식을 통해서 실천에 도달하는 효과

◎ 《주역》에서 말했다. "오직 군자라야 온 천하 사람들의 마음을 통할
수 있다."   ─《주역·동인괘(同人卦)·단사(彖辭)》

◎ 머무를 곳을 안 다음에 방향을 정할 수 있으며, 방향을 정한 다음
에 고요할 수 있고, 고요해진 다음에 평온할 수 있고, 평온해진 다
음에 생각할 수 있고, 생각한 다음에 얻을 수 있다.   ─《대학》

실천을 통해서 지식에 도달하는 효과

◎ 맹자가 말했다. "자신을 반성해서 성실하면 즐거움이 이보다 큰 것
이 없다."   ─《맹자》

◎ 공자가 말하기를 "증삼(曾參, 증자의 이름)아! 내 도는 하나로 관통되
어 있느니라."라고 하자, 증자가 "예." 하고 대답했다.   ─《논어》
  ✤ 《논어》〈이인〉편에 나오는 대목으로 그다음 구절은 다른 제자들이
  무슨 뜻이냐고 묻자 증자는 공자의 도는 오직 충서(忠恕)일 뿐이라고

대답한다.

이 대목은 크게 앞부분과 뒷부분으로 나뉜다. 앞은 증자가 공자의 가르침에 따라 실천에서는 적극적이었지만 그 진정한 의미를 깨치지 못하자 공자가 그것을 한마디로 일깨워 주는 부분이다. 공자가 "하나로 관통되어 있다."라고 말하자 증자는 확실한 깨달음을 얻어 "예." 하고 대답한다. 뒤는 다른 제자들의 질문에 증삼이 공자의 도를 충서라고 말한 부분이다.

여기서 충은 자신의 마음을 다한다는 뜻이고, 서는 자기 마음을 미루어 남에게 베푼다는 뜻이다. 공자가 말한 인이란 다름 아니라 자기 자신에게도 극진하게 하면서 동시에 자신을 대하듯 다른 사람을 대하라는 의미라고 하겠다.

내면을 통해서 외면에까지 도달하는 효과

◎ 부유함은 집을 윤택하게 하고 덕은 몸을 윤택하게 하니, 마음이 넓으면 몸이 편안하게 펴진다. 그러므로 군자는 반드시 뜻을 정성스럽게 한다.   -《대학》

◎ 맹자가 말했다. "군자가 지니는 본성은 마음속에 뿌리박혀 있는 인·의·예·지다. 그것이 한번 밖으로 나타나면 윤택한 모습이 얼굴에 나타나고, 등 뒤에도 풍부하게 넘쳐흐른다. 그리고 손발에도 퍼져서 손발은 말하지 않아도 스스로 깨우쳐 행하게 된다."   -《맹자》

◎ 음악은 안에서 움직이는 것이요, 예는 밖에서 움직이는 것이다. 음악은 조화를 극진하게 하고, 예는 순리를 극진하게 한다. 안이 조화롭고 밖이 순리대로 되면 백성들이 얼굴빛을 우러러보고 다투지 않으며, 용모를 바라보기만 해도 쉽게 여기거나 업신여기지 않는다.

그러므로 덕이 빛나 안에서 움직이면 백성들 가운데 듣지 않는 자가 없으며, 이치가 밖으로 드러나면 백성들 가운데 순응하지 않는 자가 없게 된다. 그러므로 예악의 도를 지극하게 해서 이것을 백성에게 베푼다면 천하를 다스림에 어려움이 없을 것이다.

―《예기》

지행과 표리를 합한 효과

◎ 맹자가 말했다. "하고자 할 만한 것을 선이라고 하고, 선을 몸에 지니고 있는 것을 믿음이라고 하고, 그 선한 덕성이 몸에 충만하게 채워져 있는 것을 아름다움이라고 한다. 충만하게 채워져 있음으로써 겉으로 빛나는 것을 위대함이라고 하고, 위대하면서 천하 사람들을 감화시키는 것을 성스러움이라고 하고, 성스러워서 그 작용을 알아낼 수 없는 것을 신령스러움이라고 한다."

―《맹자》

성인의 도

◎ 공자는 온화하면서도 엄숙하고, 위엄이 있으면서도 사납지 않고, 공손하면서도 편안했다.   -《논어》

◎ 군자가 움직이면 대대로 천하의 도리가 되고, 행하면 대대로 천하의 모범이 되며, 말을 하면 대대로 천하의 규칙이 된다. 멀리 있으면 우러러 보고, 가까이 있으면 싫어하지 않는다.   -《중용》

◎ 오직 천하에서 지극히 성실한 사람이라야 자기의 본성을 다할 수 있게 된다. 자기의 본성을 다할 수 있으면 다른 사람의 본성을 다할 수 있고, 다른 사람의 본성을 다할 수 있으면 사물의 본성을 다할 수 있으며, 사물의 본성을 다할 수 있으면 이로써 천지의 생성과 변화를 도울 수 있다. 천지의 생성과 변화를 도울 수 있으면, 이로써 천지와 더불어 하나가 될 수 있다.   -《중용》

성인의 덕은 천지와 더불어 하나이며, 신령스럽고 오묘해서 헤아릴 수가 없습니다. 비록 그러한 경지에 도달하기를 기대할 수 없을 것 같으나, 진실로 학문을 축적할 수 있다면 도달하지 못할 것이 없습니다.

사람은 스스로 노력하지 않는 것을 근심해야지 자신이 할 수 없는 것을 근심해서는 안 됩니다. 요임금·순임금·주공·공자 같은 사람은 태어나면서부터 알고 편안하게 본성을 실현한 사람들로서 점진적인 공부가 없었지만, 탕왕과 무왕 이하로는 배워서 알게 되었고 이로움에 따라 행했으니 이미 천성을 회복하려는 공부를 했던 것입니다. 이들보다 부족한 사람들은 비록 어렵게 배우고 부지런히 실천했지만, 성공한 다음에는 똑같아집니다.

공자가 말하기를 "성인을 볼 수 없으니 군자라도 만날 수 있다면 좋겠다."라고 했습니다. 성인은 타고난 자질이 아름다워 진실로 일반 사람들이 미칠 수 있는 존재가 아닙니다. 만약 군자라면 자질이 좋고 나쁨을 논할 것 없이 모두 배워서 도달할 수 있는데, 만날 수 없다고 말한 것은 무슨 까닭이겠습니까? 또한 군자로서 전진하여 멈추지 않는다면 어찌 성인의 경지인들 이르지 못하겠습니까?

아! 필부가 학문을 할 때도 오히려 천지와 함께하고 만물의 생성과 변화를 돕는 것을 표준으로 삼는데 하물며 제왕이야 말해 무엇 하겠습니까? 고대의 제왕들이라고 해서 반드시 태어나면서부터 저절로 착했던 것은 아닙니다. 태갑(은나라 탕왕의 아들) 같은 사람은 법률과 형벌을 뒤바꿨지만 마침내 진실한 덕을 완성했고, 성왕(成王, 주나라 무왕의 아들)은 백성들이 떠드는 말을 살피지 않았지만 마침내는 상벌을 알맞게 처리했습니다. 후세의 제왕들이 모두 이 두 임금의 처음 행적을 경계로 삼아야 한다고 알고 있습니다.

그런데 후세의 임금들이 행한 것을 살펴보면 모두 두 제왕에게 미치지 못하는데 이것은 무엇 때문입니까? 의지를 겸손하게 하여 학문에 힘쓰지 않았기 때문입니다. 대저 제왕의 자질은 일반 사람과 반드시 같지는 않습니다. 더욱이 정신을 모으는 경우가 많고 사물을 사용하는 것도 넓습니다. 그러므로 비록 나라를 망친 임금이라도 재주가 남보다 뛰어난 사람이 많지만 오직 재주를 마땅한 데 사용하지 않고 도리어 재주 때문에 화를 당하게 되는 경우가 있습니다.

숭고하게 자신을 높여 간언하는 선비를 두려워하지 않고, 편안한 것을 스스로 즐기며 화와 복이 순환한다는 것을 생각하지 않습니다. 퇴폐하고 타락하여 스스로 선을 긋고 떨쳐 일어나지 못합니다. 날마다 천박해지고 달마다 더러워져 작게는 자신이 위태롭고 나라가 줄어드는 지경에 이르고, 크게는 자신은 죽고 나라도 망하게 되는 지경에 이르게 되니 어찌 크게 두려워하지 않을 수 있겠습니까?

아! 모든 선은 내 본성에 갖추어져 있으므로 잠시라도 밖에서 찾아서는 안 됩니다. 공부를 완성하는 것은 자신에게서 찾는 것이지 다른 사람에게 의지해서는 안 됩니다. 세상을 구제하고 백성을 사랑하는 것도 역시 나에게 있으므로 누구도 감히 막을 수 없습니다.

엎드려 바라옵건대, 전하께서는 자기 마음에서 돌이켜 잘못된 점을 찾으시고 요임금·순임금 같은 옛 성인을 본받으시고 사모하시옵소서. 성현의 학문을 독실하게 믿고 성실하게 학문에 노력하셔서 차례대로 전진하기를 밤낮없이 부지런히 하시면 반드시 높고 밝으며,

넓고 두터운 경지에 이르게 될 것입니다. 그리하여 수기의 공을 극진하게 하여 이 세상 사람들이 요순과 같은 임금을 만날 수 있게 하시고, 이 백성들이 요순의 은혜와 혜택을 입게 하신다면 만세토록 행복해질 것이옵니다.

제 3 편

정가(正家)_집안을 바르게 하라

제3편
정가(正家) - 집안을 바르게 하라

     제3편은 모두 8개의 장으로 되어 있는데, 실질적인 내용은 6개의 장에 배치되어 있다. 이 편의 내용을 정리하면 다음과 같다.

     위대한 성군이 되기 위해서 가장 먼저 해야 할 일은 바로 자신을 바르게 닦는 것이다. 그러고 난 다음에는 집안을 바르게 해야 한다. 가정이 바르게 서야 나라를 다스릴 수 있기 때문이다. 가정은 가장 작은 사회 단위이면서 동시에 인간이 살면서 알아야 할 것들을 가장 먼저 배우는 기초 단위다. 따라서 부모는 자식의 모범이 되어야 하고, 자식은 부모를 공경해야 한다. 이와 더불어 가정은 절약과 검소함을 생활로서 배우며 실천하는 장소다. 이렇게 사회 생활의 시작 지점인 집안을 안정시키는 것이야말로 유학 사상에서 강조하는 충효와 예절을 구체적으로 실천하는 것이다. 따라서 정가편은 임금이 다른 사람을 다스리는 데 필요한 필수적인 실천 지침을 다루고 있다.

맹자가 말하기를 "자기가 몸소 도를 행하지 않으면 부인과 자식에게도 도가 행해지지 않고 사람을 부리는 데도 도로써 하지 않으면 부인과 자식에게도 명령이 행해지지 않는다."라고 했습니다. 자기 몸을 닦고 난 다음에 집안을 바르게 할 수가 있습니다. 그러므로 정가를 수기 다음에 둔 것이니, 이하의 것은 사람을 다스리는 도리입니다.

1. 총론(總論)

집안을 바르게 하는 데에는 모두 절차와 항목이 있습니다. 그러므로 이제 큰 줄거리에 대해 논한 것을 가지고 첫머리에 밝힙니다.

◎ 천하를 다스리는 데에 근본이 있다는 것은 자기 자신을 말한 것이요, 천하를 다스리는 데에 법도가 있다는 것은 집안을 말한 것이다. 근본은 반드시 단정해야 하는데 근본이 단정하려면 마음을 정성스럽게 해야 한다. 법도는 반드시 선해야 하는데 법도가 선하려면 어버이를 화평하게 해야 한다.　　　　－주렴계의 《통서》

◎ 자기 집안을 가르치지 못하면서 남을 가르칠 수 있는 사람은 없다. 그러므로 군자는 집을 나가지 않고도 나라에 가르침을 이룬다. 즉

효도는 군주를 섬기는 도구가 되고, 공손함은 어른을 섬기는 도구가 되며, 자애로움은 백성을 부리는 도구가 된다. — 《대학》

◎ 《주역》에서 말했다. "아버지는 아버지답고 자식은 자식답고, 형은 형답고 아우는 아우답고, 남편은 남편답고 아내는 아내답게 하면 집안의 도리가 바르게 된다. 집안이 바르게 되면 천하가 안정된다.
— 《주역·가인괘(家人卦)·단사》

◎ 윤리를 바르게 하고 은혜와 의리를 돈독하게 하는 것이 집안사람의 도리다. — 정이천의 《역전(易傳)》

집안을 바르게 하는 도리는 윤리를 바르게 하고[정윤리(正倫理)] 은혜와 의리를 돈독하게 하는[독은의(篤恩義)] 두 가지에서 벗어나지 않습니다. 아래 글에서는 이것을 미루어 설명하겠습니다.

2. 효경(孝敬) - 효도하고 공경하라

효도는 모든 행동의 으뜸입니다. 그러므로 집안을 바르게 하는 도리는 효도와 공경을 우선으로 삼아야 합니다.

효도의 총론

◎ 공자가 말했다. "사람의 모든 신체는 부모에게서 물려받은 것으로 자신의 신체를 감히 훼손하지 않는 것이 효도의 시작이요, 벼슬길에 나아가 세상에 도를 행하여 후세에 명성을 날려서 부모의 이름을 드러나게 하는 것이 효도의 끝이다. 효도는 어버이를 섬기는 데서 시작하여 그다음으로 임금을 섬기고, 벼슬길에 나아가 도를 행하는 입신(立身)에서 끝나는 것이다." ─《효경(孝經)》

◎ 부모를 사랑하는 사람은 감히 다른 사람을 미워하지 않고, 부모를 공경하는 사람은 감히 타인을 업신여기지 않는다. 사랑과 공경을 다하여 어버이를 섬기면 덕과 가르침이 백성에게 퍼져 온 세상의 모범이 된다. 이것이 대개 천자가 효도하는 방법이다. ─《효경》

◎ 효도로써 임금을 섬기면 충성이 되고, 공경으로써 어른을 섬기면 공손함이 된다. 충성과 공손한 마음을 잃지 않고 윗사람을 섬긴 다음에야 제사 지내는 일을 지켜 나갈 수 있을 것이다. 이것이 바로 선비가 효도하는 방법이다. ─《효경》

◎ 효자가 어버이를 섬김에 있어서 집에 계시면 공경하는 마음을 다해서 섬기고, 봉양할 때는 즐거운 마음을 다해서 섬기고, 편찮으실 때는 걱정하는 마음을 다해서 섬긴다. 돌아가셨을 때는 슬퍼하는 마음을 다해서 섬기고, 제사를 지낼 때는 엄숙한 마음을 다해서 섬겨야 한다. 이 다섯 가지가 갖추어진 뒤에야 어버이를 섬길 수 있

을 것이다. —《효경》

◎ 맹의자(孟懿子, 노나라의 대부)가 효에 대해서 묻자 공자가 "어김이 없어야 한다."라고 말했다. 제자 번지(樊遲)가 수레를 몰고 있을 때 공자가 그에게 말하기를 "맹의자가 나에게 효에 대해서 묻자 내가 어김이 없어야 한다고 대답해 주었다."라고 했다. 번지가 말하기를 "무엇을 말씀하신 것입니까?"라고 묻자 공자가 말하기를 "살아 계실 때에도 예로 섬기며, 돌아가셔서 장사 지낼 때에도 예로 섬기고, 제사 지낼 때에도 예로 해야 한다."라고 했다. —《논어》

살아 계실 때 섬기는 도리

◎ 무릇 자식 된 자의 예는 겨울에는 따뜻하게 해 드리고 여름에는 시원하게 해 드리며, 저녁에는 잠자리를 정해 드리고 새벽에는 문안을 드려야 한다. 밖에 나갈 때는 반드시 말씀을 드리고 돌아오면 반드시 뵙는다. 놀러 다니는 곳은 반드시 일정해야 하며, 익힐 때는 반드시 한눈을 팔지 않으며, 말할 때는 결코 늙었다는 말을 사용하지 않는다. —《예기》

◎ 증자가 말했다. "효자가 늙은 부모를 봉양할 때는 마음을 즐겁게 해 드리고, 뜻을 어기지 않으며, 귀와 눈을 즐겁게 해 드리고, 잠자는 침실을 편안하게 해 드리며, 음식을 가지고 정성을 다하여 봉양해야 한다. 이런 까닭으로 부모가 사랑하는 것을 사랑해야 되고

부모가 공경하는 것을 공경해야 한다. 개나 말이라도 모두 그렇게 한다. 하물며 사람에게 있어서야 더 말할 것이 있겠는가?"

-《예기》

◎ 공자가 말했다. "부모를 섬기되 부드럽게 간언해야 한다. 부모의 마음이 내 말을 받아주지 않음을 보고서도 더욱 공경하여 어기지 않으며, 수고스럽더라도 원망하지 않아야 한다."　　　　-《논어》

◎ 문왕(주나라 무왕의 아버지)이 세자였을 때 아버지 왕계(王季)에게 하루에 세 번씩 문안을 드렸다. 첫닭이 울면 옷을 입고 침실 문밖에 가서 심부름하는 신하에게 "오늘은 어떠하신가?" 하고 묻는다. 신하가 대답하기를 "편안하십니다."라고 하면 문왕은 비로소 기뻐했다. 한낮이 되어서도 그렇게 하고 저녁이 되면 가서 또 그렇게 했다. 거처할 때 불편한 점이 있으면 심부름하는 신하가 문왕에게 알렸다. 그러면 문왕은 걱정스러운 얼굴을 하고 신발도 제대로 신지 못하고 급하게 달려갔다.

왕계가 전과 같이 음식을 드신 뒤에야 자신도 처음과 같은 상태로 돌아갔다. 음식을 올릴 때는 반드시 차고 뜨거운 상태를 살펴보고, 음식을 물리면 반드시 무슨 음식을 드셨는지 묻는다. 그리고 음식을 담당하는 신하에게 "먹다 남은 음식을 다시 올리지 말라."라고 명령하고, 신하가 "예, 알았습니다."라고 대답한 뒤에 물러갔다.

무왕도 문왕이 하던 것을 따라서 행하고 감히 더하지 않았다. 문왕에게 병이 있으면 무왕은 갓과 띠를 풀지 않고 봉양했다. 문왕이 한 번 밥을 들면 자기도 한 번 밥을 먹고, 문왕이 두 번 들면 역시 두 번 밥을 먹었다.   -《예기》

◎ 맹자가 말했다. "순임금이 부모 섬기는 도리를 다하자 고수(瞽瞍, 순의 아버지)가 기뻐하기에 이르렀다. 고수가 기뻐하자 천하가 모두 감화되었고, 고수가 기뻐하자 천하의 아비와 자식 된 자의 도리가 정해졌으니, 이것을 큰 효도라고 한다."   -《맹자》

장례의 도리

◎ 공자가 말했다. "자식은 태어난 지 삼 년이 된 후에 부모의 품에서 벗어날 수 있기 때문에 삼년의 상은 천하의 공통된 상례다."

    -《논어》

◎ 맹자가 말했다. "삼년상에 거친 상복을 입고 죽을 먹는 것은 천자에서 서민까지 삼대가 다 같이 지켜 왔던 것이다."   -《맹자》

◎ 처음 돌아가셨을 때는 슬픔이 가득 차서 막다른 골목에 이른 듯하며, 빈소를 마련하고 나면 눈이 동그랗게 무엇을 구해도 얻지 못하는 것같이 하며, 장사를 지내고 나면 마음이 가라앉지 않아 마치 무엇을 바라보고도 이르지 못하는 것처럼 한다. 연복[練服, 연상, 즉 소상(小祥)을 지내고 나서부터 27개월이 되는 담제(禪祭) 전까지 입

는 상복]을 입으면 세월이 빠름을 탄식하고, 대상(大祥, 사람이 죽고 난 후 1년 만에 소상을 지내고, 소상을 지낸 다음 1년 만에 대상을 지낸다. 즉 대상은 초상을 지낸 다음 25개월 만에 지내는 제사를 말하며, 대상을 지내고 난 후에 상복을 벗는다.)을 지나고 나면 마음이 텅 빈 것처럼 한다.　　　　－《예기》

◎ 자로(子路, 공자의 제자)가 말했다. "내가 선생님께 들으니 상례에는 슬픔이 부족하고 예를 잘 갖추는 것보다는 오히려 예는 조금 부족해도 슬퍼하는 마음이 많아야 하고, 제례에는 공경하는 것이 부족하고 예를 잘 갖추는 것보다는 오히려 예는 조금 부족해도 공경하는 마음이 많아야 한다고 하셨다."　　　　－《예기》

제사의 도리

◎ 제사는 자주 지내려고 하지 말아야 한다. 자주 지내면 번거롭고, 번거로우면 공경하지 않게 된다. 가끔 지내려고도 하지 말아야 한다. 가끔 지내면 게으르게 되고, 게으르면 곧 잊게 된다. 이런 까닭으로 군자는 천도에 맞추어 봄에는 체제(禘祭, 제사의 이름)를 지내고 가을에는 상제(嘗祭, 제사의 이름)를 지낸다. 서리와 이슬이 내리면 군자는 그것을 밟고 반드시 슬픈 마음이 생기는 것인데 이것은 추운 것을 말하는 것이 아니다. 봄에 비와 이슬이 내려서 땅을 적시면 군자는 그것을 밟고 반드시 슬픈 마음이 생기는 것인데 마치 장차 부모를 보는 것과 같기 때문이다.

안에서 치제(致齋, 3일간의 제계)하고 밖에서 산제(散齋, 7일간의 제계)를 한다. 제계(齋戒)하는 날에는 부모의 거처를 생각하고 웃음과 말소리를 생각하며, 뜻하신 것을 생각하고 즐거워하셨던 것을 생각하며, 즐겨 드시던 것을 생각한다. 3일 동안 제계하면 곧 부모를 눈앞에서 보는 것 같을 것이다.

제사 지내는 날에 묘실에 들어가면 반드시 그 신위(神位, 죽은 사람이 있는 곳으로, 위패를 대신 놓는다.)에 계신 것처럼 행동하고, 돌아서 방문을 나서면 숙연하게 음성이 들리는 듯하고, 문을 나가서 들으면 아득히 탄식하는 소리가 들리는 것같이 한다. 이런 까닭으로 선왕의 효도는 부모의 안색을 눈에서 잊지 않고, 목소리를 귀에서 끊어지게 하지 않고, 뜻하신 것과 즐겨 드시던 것을 마음에서 잊지 않는다. 사랑을 극진하게 하면 항상 내 앞에 계시게 되고, 정성을 다하면 눈앞에 나타나시게 된다. 부모가 나타나고 존재하는 것을 마음에서 잊지 않는데 어찌 공경하지 않을 수 있겠는가? -《예기》

◎《시경》에서 말했다. "아버지(문왕)를 생각하니 마치 뜰에서 왔다 갔다 하고 계신 듯하시어 소자(무왕)는 밤낮으로 공경하나이다."

-《시경·주송(周頌)·민여소자(閔予小子)》

효도로 몸을 지킨다

◎ 공자가 말했다. "부모는 오직 자식의 병을 걱정한다." -《논어》

132

◎ 부모를 섬기는 사람은 윗자리에 있으면서도 교만하지 않고, 아랫자리에 있으면서도 난동을 부리지 않으며, 여러 사람과 함께 있으면서도 다투지 않는다. 윗자리에 있으면서 교만하면 망하게 되고, 아랫자리에 있으면서 난동을 부리면 벌을 받게 되고, 여러 사람들과 함께 있으면서 다투게 되면 다치게 될 것이다. 이 세 가지를 제거하지 못하면 비록 날마다 소·양·돼지고기를 대접하면서 봉양하더라도 여전히 불효가 될 것이다.   -《효경》

◎ 증자가 말했다. "몸은 부모가 물려준 것이다. 부모가 물려주신 몸으로 행동하는 것이므로 감히 공경하지 않을 수 있겠는가? 거처를 단정하게 하지 않는 것은 효도가 아니고, 임금을 충성으로 섬기지 않는 것도 효도가 아니며, 벼슬길에 나가서 공경되게 하지 않는 것도 효도가 아니고, 친구 사이에 믿음이 없는 것도 효도가 아니며, 전쟁에 나가서 용맹이 없는 것도 효도가 아니다. 이 다섯 가지를 이루지 못했을 때에는 재앙이 부모에게 미치는 것이니 어찌 감히 공경하지 않겠는가? 나무는 시기를 맞춰서 베고, 짐승 하나를 죽이는 것도 시기를 가려야 한다. 그러므로 공자께서 '나무 한 그루를 베고 짐승 한 마리를 죽이는 것도 시기를 맞추지 않으면 효도가 아니다.'라고 하셨다."   -《예기》

효를 온 세상에 미치게 하라

◎ 증자가 말했다. "상례를 신중하게 하고 먼 조상을 추모하면 백성의 덕이 두터운 데로 돌아갈 것이다." －《논어》

◎ 공자가 말했다. "나라를 다스리는 사람은 홀아비나 과부라 할지라도 감히 업신여기지 않는데 하물며 선비나 백성들에게 말해 무엇 하겠는가? 그러므로 백성의 환심을 얻어서 돌아가신 임금을 섬겼던 것이다. 집안을 다스리는 사람은 가신이나 첩에게도 감히 인심을 잃지 않는데 하물며 아내와 자식에게는 어떠했겠는가? 그러므로 사람들의 환심을 얻어서 그들의 부모를 섬겼던 것이다. 그렇기 때문에 살아 계실 때는 어버이께서 편안하게 여기셨고, 제사를 지내면 귀신이 되어 자손들이 바치는 제사를 흔쾌히 받아들이게 된다. 그렇게 되면 재해가 발생하지 않으며 환란이 일어나지 않는다.

옛날의 현명한 임금들은 아버지를 효도로써 섬겼기 때문에 하늘을 섬길 때도 밝게 하셨다. 어머니를 효도로써 섬겼기 때문에 땅을 섬길 때도 잘 살펴서 섬기셨다. 어른과 아이들이 도리를 따랐기 때문에 상하가 잘 다스려지고, 하늘과 땅을 분명하게 살펴서 신명(神明)을 드러나게 했다. 종묘에서 공경을 다하는 것은 부모를 잊지 않기 때문이며, 자신을 수양하고 행실을 삼가는 것은 선조들을 욕되게 할까 두렵기 때문이다. 종묘에서 공경을 다하면 조상신이 밝게

드러나게 된다. 효도와 우애가 지극하면 조상들의 신령과 통하고,
온 세상에 빛나서 통하지 않는 곳이 없게 된다."

-《효경》

　자식의 몸은 부모가 낳아 주셨기 때문에 죄와 육신, 생명도 모두
부모가 물려주신 것입니다. 낳아 주고 길러 주신 은혜는 하늘처럼 넓
어 끝이 없습니다. 이런 까닭으로 어린아이라도 자기 부모를 사랑할
줄 모르는 사람이 없는 것은 천성입니다. 오직 물욕에 가려서 본심
을 잃기 때문에 부모가 물려주신 몸을 자기의 소유라고 생각하고, 부
자 사이에도 서로 구분하여 낳고 길러 주신 수고를 생각하지 않으며
단지 한때의 은혜가 적다고 원망합니다. 그래서 효도와 사랑의 뿌리
는 심어지지 않고, 자기만의 사사로운 싹이 쉽게 자라서 자신을 먼저
생각하고 부모를 뒤로 미루는 경우가 많습니다. 이 몸은 부모가 낳
은 것이므로 부모가 아니었다면 이 몸도 없었을 것이라는 사실을 알
지 못합니다. 몸은 자기의 소유가 아니라 부모의 소유입니다. 사람에
게 물건을 주어도 감사할 줄 아는데 하물며 몸을 준 것이야 말해 무
엇 하겠습니까? 힘을 다하고 목숨이 다하도록 은혜를 갚아도 부족한
데 자식 된 자로서 이러한 이치를 안다면 사랑하고 공경하는 도리가
이미 반은 넘은 것이라고 생각합니다.
　세상 사람들이 말하는 효도란 사랑할 줄은 알지만 공경할 줄 모르

거나 또는 사랑하고 공경할 줄은 알면서도 도리를 다할 줄 모르는 것입니다. 반드시 사랑이 인을 온전하게 만드는 데 이르고, 공경이 의를 온전하게 만드는 데 이른 다음에야 낳은 은혜를 욕되게 하지 않는다고 말할 수 있습니다.

아! 사람의 생명은 부모에게서 받은 것이며, 생명 가운데 모든 이치가 구비되어 있습니다. 하나의 이치라도 밝혀지지 않거나 하나의 이치라도 실천하지 못한다면 내가 부모에게서 받은 본체에 결함이 생기게 됩니다. 오직 타고난 모습대로 실천하고 부족함이 없는 경지에 도달한 다음에야 본체가 온전해질 것입니다. 그러므로 성인이 인도를 극진하게 하는 것처럼 하지 못한다면 효도를 다했다고 할 수 없습니다.

사람이 자기 부모를 사랑하고 공경하는 마음이 없기 때문에 몸가짐을 삼가지 않고 종종 더러운 지경으로 빠지게 되는 것입니다. 만약 마음속으로 항상 부모를 생각한다면 하나의 실수에도 당황하고 두려워하며 마치 부모를 상하게 한 것처럼 여길 것입니다. 그러므로 부모가 물려주신 몸을 항상 맑고 밝으며 바르고 커다란 경지에 세워 두고 우러러 천지가 운행하는 것을 본받아 하늘을 섬기고, 아래로 굽어 살펴 덕을 두텁게 하여 땅을 섬기며, 이것을 미루어 온 세상까지 미치면 법도가 되지 않을 수 없을 것입니다. 그렇게 된다면 사람의 자식으로서 어찌 기쁘지 않겠습니까?

또한 제왕의 효도는 보통 사람과 차이가 있습니다. 선조의 유업을 계승했기 때문에 더욱 마땅히 정성을 다해야 합니다. 보통 사람이 황금 10냥의 재산을 자손에게 물려주어도 자손은 오히려 그것을 지키려고 생각하는데, 하물며 백년의 사직과 천년의 영토를 물려주신 것이야 말해 무엇 하겠습니까? 만약 털끝만큼이라도 스스로 게으르고 편안하려고 생각한다면 효성스러운 생각과 어긋나고 선조의 유업이 망가지고 말 것입니다. 그런데 감히 자기 맘대로 방자하게 행동하여 종묘를 위태롭게 하거나 돌아가신 임금님들을 욕되게 할 수 있겠습니까? 임금과 같은 경우는 모후(母后)를 섬길 때 궁중의 예의가 엄격하고 마음을 전할 길이 없어 일반 가정에서 모자가 아침저녁으로 화목하게 지내는 것과 다릅니다.

그러므로 환관과 내시, 부녀자와 거짓으로 충성을 다하는 무리들이 쉽게 참소하고 이간질하여 현명한 임금으로 하여금 효도를 훼손하게 만들며, 현명한 모후로 하여금 자애로운 마음을 줄어들게 만듭니다. 만약 효성과 공경이 믿음직하여 신명을 감동시키지 못한다면 아름다운 말도 또한 근심이 될 것입니다. 이것이 바로 옛부터 오늘날까지 궁중의 공통된 근심이오니 전하께서는 깊이 살피시옵소서.

3. 형내(刑內)-아내를 바르게 하라

집안을 다스릴 때는 반드시 먼저 아내를 바르게 해야 합니다. 《시경》에 이르기를 "아내에게 모범이 되어 형제에게 이르고, 집안과 나라를 다스린다."라고 했습니다. 그러므로 효경 장 뒤에 형내 장을 두었습니다.

선행은 본보기가 된다

◎ 《주역》에서 말했다. "집안사람의 도리는 여자가 바르게 되어야 이로움이 있다."

　　　　　　　　　　　　　　　　　　　　-《주역·가인괘·단사》

✛ 가인괘는 바람[☰] 아래에 불[☲]이 있는 형상이다. 가인은 글자대로 집안사람을 말하는데, 곧 가족이다. 가족의 중심은 부부에 있고 부부 중에서 아내의 역할이 중요하다. 따라서 아내가 바르면 남편도 바르게 된다는 의미다. 남편과 아내가 각각 자기 위치를 지키고 도리를 다할 때 가정이 화목해진다.

◎ 여자는 안에서 위치를 바르게 하고 남자는 밖에서 위치를 바르게 하니, 남녀가 바른 것이 천지의 대의(大義)다.

　　　　　　　　　　　　　　　　　　　　-《주역·가인괘·단전》

◎ 《시경》에서 말했다. "암수 정답게 우는 물수리 강가 모래섬에 있구

나. 얌전하고 정숙한 숙녀는 군자의 좋은 짝이로다."

-《시경·주남(周南)·관저(關雎)》

◎《시경》에서 말했다. "'닭이 이미 울었으니 조정에 신하들이 가득합니다.'라고 했더니 '닭이 운 것이 아니라 청파리 소리로다.'"

-《시경·제풍(制風)·계명(鷄鳴)》

○ 주자가 말했다. "옛날의 왕비는 처소에서 임금을 모실 때에 날이 밝을 무렵이 되면 '닭이 이미 울었습니다. 조정에 조회하기 위해 모인 신하들이 이미 가득 찼습니다.'라고 하여 임금이 빨리 일어나 조회에 나가도록 했다. 그러나 사실은 닭이 운 것이 아니라 청파리 우는 소리였다. 대개 현숙한 왕비는 새소리만 들어도 그것이 정말 닭이 우는 소리로 여겼다. 이것은 마음이 항상 경계하고 두려워하는 데 있는 것이며, 편안하고자 하는 욕심이 있었다면 어찌 그렇게 할 수 있겠는가?"

◎《시경》에서 말했다. "반짝이는 작은 별이여, 드문드문 동쪽에 있네. 공손히 밤길을 걸어가서 이른 새벽이나 늦은 밤에도 관청에 있으니, 참으로 그 도리는 같은 것이 아니구나."

-《시경·소남(召南)·소성(小星)》

✢ 옛날에 임금의 여러 첩들은 밤새 임금을 모실 수 없었다. 늦은 밤에서 이른 새벽까지 별이 떠 있는 시간에만 곁에서 모실 뿐이었다. 그리고 날이 새기 전에 잠자리를 떠나야 했다. 이렇게 첩이 임금을 모실 수 있는 것도 왕후와 정실 비빈이 은혜를 베풀기 때문이다. 왕후, 정실

비빈들과 첩의 분수가 다르기 때문에 서로 임금을 모시는 것도 다른 것이다.

악한 것은 경계하라

◎ 《시경》에서 말했다. "머리가 좋은 지아비는 나라를 세우는데 머리가 좋은 부인은 나라를 무너뜨린다. 아름답고 머리가 좋은 부인이며, 올빼미가 되며 부엉이가 되도다. 부인이 말을 많이 하는 것은 난(亂)을 일으키는 사다리구나. 난은 하늘로부터 오는 것이 아니라 부인 자신으로부터 생겨난다."

－《시경·대아·첨앙(瞻仰)》

이 장을 형내라고 이름 지으면서 다만 왕후·비빈의 선악만을 논하고 아내가 본받아야 할 도리를 말하지 않은 것은 무엇 때문이겠습니까? 아내가 본받아야 할 도리는 다른 것이 아니라 다만 몸을 닦는 수기일 뿐입니다. 수기가 이미 지극해지면 안으로는 마음과 뜻이 하나가 되고, 밖으로 용모가 장엄하게 되어 언어와 동작이 한결같이 예에 맞게 됩니다. 부부 사이에 서로 손님처럼 공경하고, 이부자리 위에 자리 잡을 때도 무례한 실수가 없으며, 어두운 속에서도 정숙한 몸가짐을 가진다면 왕후·비빈 역시 이것을 보고 감동하여 변화할 것입니다.

비록 학문을 알지 못한다고 할지라도 오히려 스스로 삼가고 예를 실천할 수 있는데, 하물며 타고난 자질이 순수하고 아름다워 본래 학문을 아는 사람이야 말해 무엇 하겠습니까? 만약 먼저 자신을 닦지 않아서 스스로를 돌이켜 보면 부끄러운 일이 많은데도 오직 왕후·비빈의 바르지 못함만을 꾸짖고 예모를 갖추지 않으며, 은밀한 때에는 감정을 절제하지 못하고 예의를 잃어버린다면 집안을 바르게 하는 근본을 잃게 될 것입니다. 그런데 어떻게 한 집안의 모범이 되겠습니까? 하물며 이보다 못한 사람들은 아름다운 여색에 빠져 바른 도리를 잃고, 왕후·비빈이 비록 현명하다고 할지라도 버리고 돌아보지 않으며, 사사로이 사랑에 빠져 오직 여자의 말만 따르기 때문에 정사에 해를 끼치고 국가에 재앙을 초래하게 되니 더 말할 필요가 있겠습니까?

《예기》에 이르기를 "음식과 남녀 사이에는 큰 욕심이 있다."라고 했으며, 공자는 "나는 덕을 좋아하기를 여색을 좋아하듯이 하는 사람을 보지 못했다."라고 했습니다. 비록 영웅의 재능을 가지고 한 세상을 뒤덮는 자라고 할지라도 오히려 한 여인에게 마음을 빼앗겨 평생을 그르치는 사람이 많습니다. 오직 도를 따르고 올바로 다스려지기만을 바라는 임금이 선을 행하는 데 뜻을 두고 다른 물욕으로 옮겨 가지 않아야, 바름으로 자신을 다스릴 수 있고 또한 바름으로 집안을 다스릴 수 있을 것입니다. 삼가 바라옵건대 전하께서는 유의하시옵소서.

4. 교자(敎子) - 자식을 바르게 가르쳐라

부부의 예가 이미 올바르면 가르치는 법도를 세울 수 있습니다. 그러므로 교자 장을 다음에 두었습니다.

태교

◎ 옛날에는 부인이 임신하면 잠잘 때 옆으로 눕지 않고 앉을 때는 옆으로 기울지 않았으며, 설 때는 한 발로 서지 않고 맛이 나쁜 것은 먹지 않았으며, 반듯하게 자르지 않은 것은 먹지 않았고 방석이 바르지 않으면 앉지 않았다. 눈으로는 사악한 색을 보지 않았고 귀로는 음란한 소리를 듣지 않았으며, 밤이면 장님으로 하여금 시를 외우게 하고 바른 일을 말하게 했다. 이렇게 하고서 자식을 낳으면 형체와 모습이 반듯하고 재주가 남보다 뛰어날 것이다.

-《열녀전(烈女傳)》

✤ 열녀전은 중국 한나라 때의 학자 유향이 지은 열녀전을 송나라 왕회(王回)가 모의(母儀)·현명(賢明)·인지(仁智)·정순(貞順)·절의(節義)·변통(辯通)·얼패(孼嬖)의 7전으로 나누어 유명한 현모·양처·열녀·투부(妬婦)를 다룬 책이다.

가르치는 차례

◎ 자식을 낳으면 여러 어머니 가운데서나 스승이 될 만한 유능한 사람 가운데서 반드시 너그럽고 인자하고 자애롭고 사랑이 깊으며 온화하고 착하고 공손하고 신중하며 말이 적은 사람을 골라서 아이의 스승으로 삼는다. 자식이 밥을 먹을 수 있게 되면 오른손으로 먹도록 가르치고, 말을 할 수 있게 되면 남자는 빨리 대답하도록 가르치고 여자는 느리게 대답하도록 가르친다. 그리고 남자는 가죽으로 된 주머니를 차고 여자는 실로 만든 주머니를 차게 한다.

여섯 살이 되면 숫자와 방위(方位)의 이름을 가르치고, 일곱 살이 되면 남자와 여자가 같은 자리에 앉지 못하게 하며, 먹는 것을 함께하지 못하게 한다. 여덟 살이 되면 문을 출입할 때와 자리에 앉을 때, 음식을 들 때에 반드시 어른보다 뒤에 하도록 함으로써 비로소 사양하는 방법을 가르친다. 아홉 살이 되면 날짜 세는 법을 가르친다. 열 살이 되면 바깥 스승에게 배우게 하고, 바깥방에서 거처하며 글씨 쓰는 법과 계산하는 법을 배운다. 옷은 비단으로 만든 바지와 저고리를 입지 않고, 예절은 처음 가르침을 받던 대로 행한다. 아침저녁으로 어린이의 예의를 배우고, 간략한 것과 진실한 것을 익힌다. 열세 살이 되면 음악을 배우고 시를 외우며 작[勺, 주공(周公)이 만든 무악(舞樂)의 이름]을 춤춘다. 성동(成童, 15세 이상의 소년)이 되면 상(象, 문왕의 덕을 찬양하는 무악)을 추며 활쏘기와 말타기를 배운다.

스무 살이 되면 관례를 하고 비로소 예를 배우며, 가죽 옷과 비단옷을 입고 대하(大夏, 하나라 우왕의 무악으로 문무를 겸비했다고 함)를 춤추고 독실하게 효성과 우애를 실행한다. 또한 널리 배우되 아직 남을 가르치지 않으며, 아는 것을 마음속에 간직하고 겉으로 드러내지 않는다. 서른 살이 되면 아내를 맞이하고 비로소 남자의 일(토지를 받고 정치에 참여하며 부역에 나가는 일)을 처리한다. 또한 널리 배우되 일정한 스승이 없으며 벗을 사귀되 그 뜻하는 바를 살핀다. 마흔 살이 되면 비로소 벼슬을 하고, 사물을 비교하여 계획을 세우고 생각을 드러내는데, 도리에 맞으면 복종하고 옳지 않으면 떠난다. 쉰 살이 되면 명을 받아 대부(大夫)가 되어 관청의 정사를 맡아 보고, 일흔 살이 되면 벼슬에서 물러난다.　　　　　　　　　　　－《예기》

세자를 가르치는 방법

◎ 무릇 삼대의 왕이 세자를 가르치는 것은 반드시 예와 악(樂)으로 했다. 악은 내면을 닦기 위한 것이요, 예는 밖의 행실을 닦기 위한 것이다. 예와 악이 마음속에서 서로 교차하여 밖으로 형체가 드러난다. 이런 까닭으로 예와 악이 성취되면 스스로 기뻐하며 공손하고 온화해져서 글을 배운 빛이 드러나는 것이다.

태부(太傅, 큰 스승)와 소부(小傅, 작은 스승)를 세워서 가르치는 것은 부자와 군신의 도리를 알게 하고자 한 것이다. 태부는 부자와 군신의 도리를 살펴서 보여 주고, 소부는 세자를 받들어 태부의 덕행을 보게 하고 이것을 자세하게 깨우치게 한다. 태부는 앞에 있고 소부는 뒤에 있는데, 들어가면 보(保, 보호자)가 있고 밖으로는 사(師, 스승)가 있다. 이들이 가르쳐서 덕이 이루어진다. 사는 일로 가르치고 덕으로 깨우치게 하는 것이요, 보는 스스로의 몸을 삼가해 세자를 도와서 도에 돌아가게 하는 것이다.

남의 자식 된 도리를 안 다음에 남의 부모가 될 수 있고, 남의 신하가 된 도리를 안 다음에 남의 임금이 될 수 있고, 남을 섬기는 도리를 안 다음에 남을 부릴 수 있다. 그러므로 세자를 가르치는 일은 삼가지 않으면 안 된다. 한 가지를 행해서 세 가지 좋은 것을 모두 얻는 것은 오직 세자뿐이다. 아버지가 계시면 자식의 도리를 다하고, 임금이 계시면 신하의 도리를 다한다. 자식과 신하의 도리를 지키는 것은 임금을 높이고 어버이를 사랑하는 까닭이다. 부자와 군신과 장유의 도리를 터득하면 나라가 잘 다스려진다.　　－《예기》

삼대에 세자를 교육시키는 방법이 《예기》와 《대대례기》〈보부(保傅)〉편에 다 갖추어져 있는데, 근세에는 사라지고 없다고 주자도 상세하게 말했습니다. 사람이 공경하는 것이 있으면 방자하지 않고, 두려운 것이 있으면 방탕하지 않습니다. 그런 다음에 마음을 움직이고 본성을 인내하여 학문에 나가고 덕을 닦는 것입니다. 후세의 교육은 매우 간략한데 6~7세 이후에는 곧바로 관료나 시종들이 따라다니며 이미 임금이 될 학문을 익히는데 공경하거나 두려워하는 마음이 없으며, 학문을 강론하는 관리가 너무 떠받들어서 스승의 도리가 무너지고 끊어져 접견할 때도 바르게 간언하는 경우는 매우 드뭅니다.

오직 환관과 궁녀들이 날이 갈수록 지나치게 친근하게 대하며 편안하게 놀고 즐기는 것으로 인도하고, 사치스러운 도구에 익숙하도록 길들이고 있습니다. 그래서 지난날의 일과 습관은 모두 바르지 않습니다. 이렇게 하고서 세자의 학문이 완성되고 덕이 확립되어 모든 백성들이 우러러보는 사람이 되기를 바란다면 어찌 쉽게 가능하겠습니까?

반드시 도덕을 갖춘 선비를 선택하여 스승으로 삼고, 세자에게 공경을 다하여 스승의 도리를 엄격하게 따르게 해야 하며, 보고 느끼는 가운데 본받게 해야 합니다. 보좌하는 관료와 시종들도 모두 단정하고 도에 뜻을 가진 선비를 골라서 밤낮으로 세자와 함께 거처하며 좌우에서 보좌하게 하고, 천천히 익혀서 본성을 완성하게 해야 합니다. 허물이 있으면 기록하고, 게으름을 피우면 경계하도록 하여 세자가 항상 마음으로 근신하게 하여 스스로 안일한 시간이 없도록 해야 합니다. 그렇게 해야만 학문이 날로 나아가고 덕이 날로 높아지는 것입니다.

비록 그렇다고 할지라도 임금은 세자의 모범이 되는 것입니다. 임금 자신이 공경하고 두려워하지 않고 윗자리에서 방탕하고 방자하게 행동하면 세자도 진실로 본보기를 취할 곳이 없게 됩니다. 그리고 저 스승과 관료 및 시종들이 아무리 어질다고 해도 장차 임금의 조정에 있는 것을 불안하게 여겨 모두 뒤도 돌아보지 않고 떠날 것입니다. 그렇게 된다면 비록 올바른 도리로 가르치고 기르려고 할지라도 어떻게 할 수 있겠습니까? 《시경》에 이르기를 "자손에게 꾀를 주어 공경할 사람을 편안하게 한다."라고 했고, 《서경》에 이르기를 "우리 후손을 도와서 인도하되 모두 올바름으로 해야 결함이 없다."라고 했습니다. 삼가 바라옵건대 전하께서는 이것을 깊이 유념하시옵소서.

5. 친친(親親) - 친척을 친애하라

효도와 자애를 이끌어 나가는 데는 친척을 친애하는 것보다 중요한 것이 없습니다. 그러므로 친친 장을 그다음에 둔 것입니다.

◎ 《시경》에서 말했다. "아가위나무 꽃이여, 환하게 활짝 피어 선명하

지 않은가. 무릇 지금 사람들은 내 형제만 한 이가 없구나."

-《시경·소아·상체(常棣)》

✤ 형제를 위해 잔치를 베풀어 즐기는 노래다. 부모 다음으로 가까운
사람이 형제다. 따라서 꽃이 활짝 핀 것처럼 형제들이 즐겁고 화목하
게 지내는 것을 기뻐하며 노래한 것이다.

◎ 할미새가 언덕에 있으니 형제가 위험에 빠진 것을 구하는구나. 언
   제나 좋은 벗이 있다고 하지만 길게 탄식만 할 뿐이네.

-《시경·소아·상체》

✤ 위험에 처했을 때 형제는 구하려고 하지만 친구는 옆에서 탄식만
하고 있을 뿐이라는 의미로, 형제가 친구보다 가깝고 좋은 사이라는
것을 노래한 것이다.

◎ 처자식이 서로 화합함이 비파와 거문고를 타는 듯하더라도 형제가
   화목해야 화락하고 또 길이 즐길 수 있느니라.

-《시경·소아·상체》

✤ 형제가 화목하지 않으면 가정의 분위기가 어지럽게 된다. 따라서
처자식을 데리고 즐겁게 지낸다고 할지라도 그 즐거움은 불안하게
된다. 오직 형제가 화목해야 집안이 즐겁게 됨을 노래한 시다.

◎ 요임금이 능히 큰 덕을 밝혀 구족(九族)을 친하게 하셨다. 구족이 이미 화목하자 이어서 백성을 고루 밝히시니 백성이 덕을 밝힌다.

—《서경·우서·요전(堯典)》

╋ 구족은 고조·증조·조부·부모·자신·아들·손자·증손·현손을 말한다.

◎ 공족[公族, 왕공(王公)의 동족]에게 죄가 있으면 세 번 용서한 다음에 형벌을 준다.　　　　　　　　　　　　　　　　　—《예기》

╋ 공족의 경우 사면을 요청할 자리에 있으므로 죄를 판결하는 유사에게 세 번 용서를 구하고 그래도 불가능할 때는 법대로 처리하는 것이 예의라는 의미다. 이 말은 법을 어기면서까지 용서를 하라는 의미가 아니라 세 번은 예의상 요청해야 도리라는 의미다.

친척을 친애하는 것은 집안에서 가장 급한 일인데, 여기에는 하나의 방법만 있는 것이 아닙니다. 한 종족 안에 어진 사람과 그렇지 못한 사람이 있지만 돈독하고 화목한 은혜는 마땅히 고르게 해야 하며, 등용하고 버리는 의리는 마땅히 구별되어야 합니다. 두터이 길러 주고 부지런히 가르쳐서 재주와 덕이 뛰어난 사람은 선택하여 친히 맡기고, 재주와 덕이 없어서 등용할 수 없는 사람은 먹고살 수 있게 해 준다면 종족이 잘 보전되고 정사도 어긋나지 않을 것입니다.

후세에 중용의 도를 잃어 만약 편벽되게 믿고서 그에게 모두 위임한다면 임금의 명령을 자기 멋대로 사용해서 제지할 수 없는 지경에 이르게 됩니다. 만약 잘못된 폐단을 고치려고 지나치게 억누른다면 비록 현명하고 능력 있는 사람이 충성하기를 원해도 등용할 수 없습니다. 이러한 일들은 모두 선왕이 친친하는 의리가 아닙니다. 전해 주는 데도 절도가 있고 접견하는 데도 시기가 있습니다. 온화하고 관대한 마음으로 열어 주고, 익힌 것을 시험해 보고, 각자 쌓아 온 능력을 펼치게 하되, 능력 있는 사람은 권장하고 능력 없는 사람을 경계한다면 마음과 예의가 나란히 행해져 흔쾌히 일어나 선을 행하게 될 것입니다.

후세에 중용의 도를 잃고 사사로움에 치우쳐 지나치게 후하게 대한다면 반드시 요구하는 것을 허락하게 되고, 죄를 지어도 다스리지 못해서 때로 정사에 해를 끼치게 될 것입니다. 만약 너무 대범하게 여겨 진심으로 대하지 못한다면 한 사람도 서로 만날 수 없어서 길 가는 사람처럼 소원해질 것입니다. 이러한 일은 모두 선왕께서 친친하는 은혜가 아닙니다. 반드시 사사로운 은혜로 공적인 의리를 해치지 말고, 공적인 의리로써 사사로운 은혜를 단절시키지 말아야 합니다. 사사로운 은혜와 공적인 의리가 모두 극진한 다음에 친친의 도리가 터득될 것입니다. 삼가 바라옵건대 전하께서는 유의하시옵소서.

6. 근엄(謹嚴)-근엄하게 행동하라

윤리를 바로잡는 것과 은혜와 의리를 돈독하게 하는 것에 대한 설명은 위의 네 장에서 대개 진술했습니다. 두 가지는 근엄을 위주로 삼은 것이기 때문에 그다음에 근엄 장을 놓았습니다.

부부 사이에도 근엄해야 한다

◎ 예는 부부가 서로 삼가는 데서부터 시작한다. 궁실을 만들 때 안과 밖을 분별하게 하여 남자는 밖에 거처하고 여자는 안에 거처하게 한다. 궁을 깊게 하고 문을 견고하게 하여 문지기가 지키고, 남자는 안에 들어가지 않고 여자는 밖에 나가지 않는다. 남자는 집안의 일에 대해서 말하지 않고 여자는 바깥일에 대해서 말하지 않는다. 제사 지낼 경우와 초상을 당했을 때가 아니면 서로 그릇을 주고받지 않는다. 서로 주고받을 때는 여자가 광주리를 가지고 받는다. 광주리가 없을 때는 모두 꿇어앉아서 그릇을 바닥에 놓고 받는다.

남녀는 우물을 함께 사용하지 않고 목욕통을 함께 사용하지 않는다. 잠자리를 서로 같이 쓰지 않고 서로의 물건을 빌려 쓰지 않으며 옷을 서로 바꿔 입지 않는다. 집안의 말이 밖으로 나가게 하지 않고 밖의 말이 안으로 들어가게 하지 않는다. 남자는 내실에 들어가서 휘파람을 불지 않고 손가락질을 하지 않는다. 밤에 길을 갈 때는 촛불을 가지고 가되 촛불이 없으면 가지 않는다. 여자가 문밖에 나갈 때는 반드시 얼굴을 가린다. 밤에 길을 갈 때는 촛불을 가지고 가되 촛불이 없으면 가지 않는다. 도로에서는 남자는 오른쪽 여자는 왼쪽으로 간다. －《예기》

근엄하게 사람을 대하라

◎ 사람은 친하고 사랑하는 것에 치우치게 되고, 천하게 여기고 미워하는 것에 치우치게 되고, 두려워하고 공경하는 것에 치우치게 되고, 슬퍼하고 불쌍히 여기는 것에 치우치게 되고, 거만하고 게으른 것에 치우친다. 그러므로 사람을 좋아하면서도 그의 나쁜 점을 알고, 미워하면서도 그의 좋은 점을 아는 사람은 세상에 드물다. 그런 까닭에 옛 속담에서 "사람은 자기 자식의 나쁜 점을 알지 못하고, 자기 논의 싹이 자라는 것을 알지 못한다."라고 했다.

－《대학》

정실 부인과 첩의 분별

◎ 아내가 없을 때에는 첩이 감히 밤에 남편을 모시지 못한다.

－《예기》

◎ 《시경》에서 말했다. "녹색 옷이여, 녹색이 겉옷이고 황색이 속옷이로다. 근심스러운 마음이여, 언제나 멈출 것인가."

✤ 색에는 정색(正色)과 간색(間色)이 있는데, 정색은 순수한 색이고 간색은 정색과 정색이 섞인 색이다. 녹색은 청색과 황색이 섞인 것인데 간색에 속한다. 황색은 흙을 상징하는 정색이다. 옛사람들은 간색은 천박한 색으로 보았는데 그것을 겉옷의 색으로 삼고, 정색은 귀한 색인데 그것을 속옷의 색으로 삼았다면 그것은 모두 마땅히 있어야 할 자리를 잃은 것을 말한다. 노나라의 장공이 첩을 총애하여 그 부인이 정숙하고 현명했음에도 정실 자리를 잃었다. 그러므로 이 시를 지어 녹색으로 만든 겉옷과 황색으로 만든 속옷을 대조해 천박한 첩이 높게 드러난 반면에 정실부인은 오히려 미미해졌다는 것을 상징한 것이다.

◎ 신유(辛有, 주나라의 대부)가 말했다. "첩이 왕후와 나란히 대우받거나, 서자가 적자와 대등하게 취급되거나, 신하가 마음대로 임금의 명을 처리하거나, 대부의 도읍을 마치 나라의 수도처럼 하는 것은 혼란의 뿌리가 된다." ─《춘추 좌씨전》

나라의 근본을 정하는 데 근엄하라

◎ 환공 6년 9월 정묘에 아들 동(同)이 탄생했다. ─《춘추·경문》

✤ 동은 춘추 시대 노나라 환공의 아들 장공(莊公)의 이름이다. 경전에

그의 출생을 기록한 것은 나라의 근본을 바로잡기 위한 것이고 후세에 적자(嫡子)를 정하는 경우에 정실 소생의 신분을 확고하게 하기 위한 것이다. 태자가 태어나면 바로 공표하는 이유는 사람들이 모두 알게 하기 위함이다. 그렇게 해야 태자가 되기 위해 다투는 일을 방지할 수 있다.

◎ 노나라 희공 5년 여름 공(公)과 제후(齊侯)·송공(宋公)·진후(陳侯)·위후(衛侯)·정백(鄭伯)·허남(許男)·조백(曹伯) 등이 수지에서 왕세자와 회합을 가졌다. 그해 가을 8월에 제후들이 수지에서 맹약을 했다.

-《춘추·경문》

✛ 천자인 주나라 혜왕이 왕세자를 폐위하고 사랑하는 아들을 왕세자로 세우려고 했다. 이에 제나라 환공을 비롯한 제후들이 왕세자와 회합을 가지고 왕세자의 자리를 확정한 것인데, 이것은 주나라 왕실을 안정시키고자 한 것이다.

친척을 가르치는 데 근엄하라

◎ 나라가 다스려지고 혼란함은 여러 관리들에게 달려 있으니, 관직을 사사로이 가까운 사람들에게 주지 않아야 하고 오직 능력 있는 사람에게 맡기며, 제후의 작위는 악덕한 사람에게 내리지 않게 하고 오직 어진 사람에게 맡겨야 한다. -《서경·상서·열명》

환관과 내시를 대하는 데 근엄하라

◎《시경》에서 말했다. "교훈도 못 되고 가르칠 말도 못 되는 것은 부
인과 내시의 말이다."

—《시경·대아·첨앙》

근엄 장에 집안을 다스리는 도리가 모두 갖추어져 있습니다. 대개 내외를 분별하여 예법으로 구분하면 남녀가 바름을 얻게 되고, 편벽됨과 사사로움을 이겨 내어 공명정대하게 임한다면 좋아하고 싫어함이 이치에 합당하게 될 것입니다. 정실부인과 첩을 엄격하게 구분한다면 위로는 화목하고 아래로는 공경하게 되며, 삼가고 조심해서 나라의 근본을 정한다면 통일이 되어 백성들이 편안할 것입니다. 겸손의 덕으로 친척과 아랫사람들을 가르친다면 의리가 바르게 되고 은혜가 풍성하게 될 깃입니다. 환관과 내시들을 일정한 법도로 다스린다면 좋은 것은 성장하고 나쁜 것은 사라질 것입니다. 이러한 모든 강령은 예로써 구분하고 공정한 마음으로 임하는 데 있을 뿐입니다.

예가 엄격하지 않고 마음이 공정하지 않으면 아름다운 말과 선정 (善政)이 모두 구차하게 글의 수식어가 될 뿐입니다. 이른바 예가 엄격하다는 것은 궁중이 정숙하고 존비(尊卑)와 장유의 질서가 정연하여 감히 자신의 직분을 넘지 못하며, 친척과 아랫사람들이 신중하여 감히 사사롭게 통하거나 청탁하지 않는 것을 말합니다.

이른바 마음이 공정하다는 것은 내외를 한결같이 대우하여 조금이
라도 편벽한 데 얽매이지 않고, 내정에서 선을 행한 사람이나 악을
행한 사람 또는 친척들 중에서 충성을 바친 사람이나 죄를 범한 사람
들을 모두 유사에게 맡겨 상벌을 논하게 하고, 이들을 한결같이 정도
(正道)로 다스리는 것을 말합니다.

이렇게 해서 윤리가 바로잡히거나 은혜와 의리가 돈독해지면, 이
것을 가지고 나라를 다스리거나 천하를 다스리는 데까지 미쳐서 어
느 곳을 가더라도 합당하지 않을 수 없게 될 것입니다. 바라옵건대
전하께서는 마음을 극진하게 하시옵소서.

7. 절검(節儉) - 절약하고 검소하라

집안을 바르게 하는 법도는 이미 앞 장에서 다 갖추었습니다. 그런
데 절검은 임금이 되는 데 가장 아름다운 미덕입니다. 그러므로 드러
내어 밝혔습니다.

◎ 공자가 말했다. "우왕은 내가 흠잡을 수 없다. 먹는 음식은 보잘것
없으면서도 조상의 귀신에게는 효를 다하셨고, 의복은 형편없으면
서도 제사 지낼 때 입는 옷과 쓰는 관에는 아름다움을 다하시고,

거처하는 궁실은 낮게 하면서도 백성을 구하는 데는 힘을 다하셨으니 우왕은 내가 흠잡을 수 없다." —《논어》

◎ 주공이 말했다. "문왕은 나쁜 의복을 입고 백성을 편안하게 하는 일과 농사일에서 공을 세우셨다." —《서경·주서·무일(無逸)》

◎ 이윤이 말했다. "검약의 덕을 신중하게 지키고 오직 영구한 계획을 생각하십시오." —《서경·상서·태갑》, 이윤이 태갑에게 훈계한 말

✛ 이윤이 은나라의 재상으로 있으면서 탕왕의 아들 태갑에게 훈계한 말이다. 태갑은 개인적인 욕심과 방종으로 법도와 예절을 지키지 않았다. 그래서 이윤은 검소하게 살면서 나라를 안정시킬 계획을 지니라고 충고했다.

검소함은 덕이 공손한 것이며, 사치스러움은 악(惡)이 큰 것입니다. 검소하면 마음이 항상 방탕하지 않고 경우에 맞게 스스로 적당하며, 사치하면 마음이 항상 밖으로 치달아 날마다 방자하게 되어 만족이 없게 될 것입니다. 오늘날 한 집안의 자손을 예로 들어 보면, 선대의 조상이 부지런히 일해서 집안 살림을 일으켜 놓은 것을 자손이 검소하게 잘 지키면 여러 세대가 지나도 집안은 쇠퇴하지 않을 것입니다. 그런데 사치하고 방탕한 사람이 한 명이라도 나와서 방자하게 노는 것만을 즐긴다면 수년 동안 축적한 것을 하루아침에 탕진하게 될 것입니다.

국가의 경우에는 선대가 쌓아 올린 공로가 집안을 일으키는 일과 비교할 수 없을 정도로 큰 것입니다. 창고에 저장된 것들은 털끝 하나도 백성의 피와 땀이 아닌 것이 없는데, 어찌 감히 사치를 일삼아 자원을 낭비하고 백성들의 힘을 다 쓰게 만들어 선조의 업적을 손상하겠습니까?

우리나라 선왕들은 수대에 걸쳐 검소하게 집안을 지켜 왔고, 수입을 헤아려 지출했기 때문에 재물은 항상 넉넉할 수 있었습니다. 그러므로 창고에 쌓인 것이 가득했으나 연산(燕山) 이후에는 궁중의 비용이 날로 늘어나고 더욱 사치스러워져 선왕의 옛 기풍을 따르지 않게 되었으며, 그 이후부터는 인습에 젖어 기강이 바로잡히지 않았습니다. 그러므로 국가에서 쓸 비용은 날로 줄어들어 현재는 궁중에서도 특별하게 화려하거나 사치하는 풍습이 없고, 나라에서도 시기에 맞지 않는 토목 공사를 하지 않는데도 한 해의 수입이 지출을 견딜 수가 없어 여러 대에 걸쳐 축적한 것이 장차 모두 고갈될 지경입니다. 만약 기근이나 전쟁이 발생한다면 손을 쓸 수가 없으니 어찌 한심스러운 일이 아니겠습니까?

이러한 것을 변화시키는 일은 일반적인 법규로는 처리할 수 없습니다. 반드시 윗자리에 있는 사람들부터 요임금이 띠풀로 지붕을 잇고 흙으로 계단을 만들었던 마음을 가져야 합니다. 내전에서는 마후[馬后, 중국 후한(後漢) 시대 마원(馬援)의 딸로 명제(明帝)의 왕후였다. 마후

대련(馬后大練)이라는 고사처럼, 늘 대련이라는 명주옷을 입고 치마에는 가장자리 장식을 하지 않을 정도로 검소했다고 한다.]가 몸소 무명베로 옷을 지어 입었던 것을 모범으로 삼아 궁중의 비용을 절약해야 합니다. 절약하는 제도는 궁중에서 시작해서 사대부의 가정이 보고 느껴서 본받도록 하고, 마침내 서민들에게까지 도달해야 할 것입니다. 그래야 고질적인 관습을 개혁해서 하늘이 내린 자원이 낭비되지 않으며 백성들의 힘도 점차 펴게 될 것입니다. 오거(伍擧, 중국 춘추 시대 초나라의 대부)의 말에 이르기를 "사사로운 욕심이 많으면 도덕과 의리가 적어지고, 도덕과 의리가 행해지지 않으면 가까운 사람은 근심하여 떠날 것이고 먼 사람은 사이가 멀어질 것이다."라고 했습니다. 엎드려 바라건대 전하께서는 깊이 생각하시옵소서.

8. 정가공효(正家功效) - 집안을 바르게 하는 효과

임금이 집안을 바르게 하는 효과는 부부의 잠자리 사이에서 쌓여 나라 전체에 넘쳐흐르는 것입니다. 명령하기를 기다리지 않아도 저절로 풍속을 변화시킬 수 있기 때문에 교화가 백성에게 이루어지는 것으로 마지막을 삼았습니다.

◎ 한 집안이 어질게 되면 한 나라가 인으로 가득 차고, 한 집안이 겸양하게 되면 한 나라가 겸양으로 가득 차게 된다. 　　　　－《대학》

◎ 《시경》에 "그 거동이 어긋나지 않기 때문에 사방의 나라를 바르게 할 수 있다."라고 했으니, 부자와 형제가 본받을 만한 다음에 백성들이 그것을 본받는 것이다. 　　　　－《대학》

◎ 《시경》에서 말했다. "어여쁜 복사꽃이여, 그 꽃잎이 활짝 피었구나. 어여쁜 아가씨가 시집가니, 그 집안이 화목해지리라."

　　　　　　　　　　　　　　　　　－《시경·주남·도요(桃夭)》

　✤ 이 시는 주나라 문왕의 덕이 집안에서 나라 전체로 퍼져 나간 것을 칭송한 것이다. 문왕의 바른 정치로 남녀가 제때에 혼인하게 되었고 집안이 화목하게 되었음을 은유적으로 표현하고 있다.

　뜻이 성실하지 못하고 마음이 바르지 않기 때문에 집안을 바르게 하는 데까지 미치지 못하는 것입니다. 또한 집안이 바르지 않기 때문에 나라를 다스리는 데까지 미치지 못하는 것입니다. 뜻이 성실해지고 마음이 바르게 된다면 집안과 나라도 그렇게 될 것입니다.

　옛날의 임금 가운데 집안이 바르지 않으면서도 그런대로 나라를 다스린 사람도 있었습니다. 제나라 환공(桓公)은 여섯 명의 총애하는 여인을 두었지만 관중(管仲)에게 일을 맡겨 제후들 가운데 패자가 되었으며, 당나라 태종은 궁궐 안에서 나쁜 짓을 많이 했지만(형제를 죽이고 왕위를 찬탈한 것을 말함) 위징(魏徵)을 등용하여 천하를 다스렸습니다. 비록 인의를 가장해서 한때의 안락함을 얻었다고 하지만 이것은 마치 근원 없는 물이 철철 넘쳐흐르다가도 쉽게 말라 버리고, 뿌리 없는 나무가 무성하다가도 쉽게 말라 버리는 것에 비유할 수 있습니다. 환공은 죽어서도 장례를 치르지 못해 시체에서 생긴 벌레가 문 밖까지 나왔고 제나라의 혼란은 여러 세대에 걸쳐 안정되지 못했습니다. 태종은 측근에게 부탁하여 무덤 앞에 나무를 심었으나 그 묘목이 채 아름드리 나무가 되기도 전에 후궁들은 짐승 같은 음란함을 보여 천륜을 더럽혔고, 자손은 모두 죽임을 당했습니다. 이것이 어찌 삼대의 성왕이 자신으로부터 집안에 미치고 집안으로부터 나라에 미치며 나라로부터 천하게 미치게 하되, 근원이 있고 근본이 있어서 물줄기가 멀리 흐르고 물결이 넘치며 꽃이 아름답게 피어서 열매가 많이 열리는 것과 같겠습니까?

임금만이 그러한 것이 아닙니다. 신하가 임금에게 충성을 다하고 백성에게 은혜를 베푼다고 하면서 간혹 입으로만 하는 학문을 가지고 겉으로만 깨닫고 자신을 반성하지 않는 사람들이 있습니다. 그런 사람들이 어찌 진실로 임금과 부모를 감동시키며 은혜를 백성에게 미칠 수 있겠습니까? 그러므로 임금이 궁중을 바르게 하지 못하고서 백성을 교화하려고 하거나, 신하가 처자식을 바르게 하지 못하고서 임금을 바르게 하려고 하는 것은 마치 김을 매지 않고 수확하려고 하는 것과 같습니다. 설령 인을 가장해서 잠시 한 시대를 구제한다고 할지라도 어찌 오래 지속되리라고 믿을 수 있겠습니까? 전하께서는 먼저 국가의 근본을 바르게 하고, 힘껏 본받을 만한 도를 행하여 관저(關雎, 《시경》의 편명으로 남녀의 절도와 집안의 화목을 다루고 있음)와 인지(麟趾, 《시경》의 편명으로 임금의 덕과 교화를 칭송하고 있음)의 마음을 가지고 주나라의 관직과 예악 제도를 실행하신다면 만세토록 다행일 것입니다.

제4편

위정(爲政)_정치를 잘하라

제4편
위정(爲政) - 정치를 잘하라

　　제4편은 모두 10개의 장으로 분류되어 있는데 나라를 잘 다스리기 위한 방안을 밝히고 있다. 그 구체적 내용을 살펴보면 아래와 같다.

1. 총론(總論)
2. 용현(用賢) - 어진 사람을 등용하라
3. 취선(取善) - 좋은 것을 취할 줄 알아야 한다
4. 식시무(識時務) - 시급한 일을 알아야 한다
5. 법선왕(法先王) - 선왕을 본받아야 한다
6. 근천계(謹天戒) - 하늘이 내려 준 계율을 조심하라
7. 입기강(立紀綱) - 기강을 바로 세워라
8. 안민(安民) - 백성을 편안하게 하라
9. 명교(明敎) - 교육을 널리 밝혀라
10. 위정공효(爲政功效) - 올바른 정치의 효과

　　위대한 성군이 되기 위해서 가장 먼저 해야 할 일은 바로 자신을 바르게 닦는 것이다. 다음으로 가정을 바르게 만들고, 마지막으로 나라를 바르게 다스려야 한다. 유학에서 위정을 중시하는 이유는 교화를 가장 빠르게 전파할 수 있는 방법이 정치이기 때문이다. 따라서 성군과 위대한 학자는 모두 훌륭한 정치인이 되는 것을 목표로 삼는 것이다.

국가란 가정을 확대한 것입니다. 가정을 바르게 한 다음에 국가를 바르게 할 수 있습니다. 그러므로 위정을 정가 다음에 두었습니다.

1. 총론(總論)

정치를 하는 데는 근본과 규모와 절차와 항목이 있습니다. 이제 이 것을 합해서 한 장을 만들어 첫머리에 두었습니다.

정치의 근본

◎ 오직 천지는 만물의 부모이고, 인간은 만물의 영장이다. 사람들 가운데 가장 총명한 사람이 임금이 되고, 임금은 백성의 부모가 된다. ─《서경·주서·태서(泰誓)》

◎ 우왕이 말했다. "임금이 임금의 도리를 어렵게 여기며, 신하가 신하의 도리를 어렵게 여겨야 정사가 비로소 다스려져서 백성이 덕에 빠르게 교화될 것입니다."

순임금이 말했다. "아, 너의 말이 옳구나. 진실로 이와 같이 하면 아름다운 말이 숨겨져 묻히는 경우가 없을 것이며, 어진 사람이 초야에 묻혀지는 일이 없어서 모든 나라가 다 편안할 것이다. 여러 사람에게 묻고 의논하여 자기 주장을 버리고 남의 의견을 따르며,

하소연할 곳 없는 사람들을 학대하지 않으며, 곤궁한 사람들을 버리지 않는 것은 오직 요임금만이 능하셨다."

-《서경·우서·대우모》

◎ 정공[定公, 공자의 모국인 노(魯)나라의 군주로 이름은 송(宋)이다.]이 묻기를 "한마디 말로 나라를 일으킬 수 있다고 하는데 그럴 수 있습니까?"라고 하자, 공자가 대답하기를 "말로 그렇게 되기를 기대할 수 없지만, 사람들이 하는 말에 '임금 노릇하기도 어렵고 신하 노릇하기도 쉽지 않다.'라고 했으니, 만약 임금 노릇하기가 어렵다는 것을 안다면 한마디 말로 나라를 일으킨다는 것을 기대할 수 있지 않겠습니까?"라고 했다. 정공이 말하기를 "한마디 말로 나라를 망하게 할 수 있다고 하는데 그럴 수 있습니까?"라고 하자, 공자가 대답하기를 "말로 그렇게 되기를 기대할 수 없지만 사람들이 하는 말에 '나는 임금 노릇하는 것을 즐기지 않고 오직 내가 말을 하면 그 말을 스스로 어기지 않는다.'라고 했으니, 만약 임금의 말이 선한데 그것을 어기지 않는다면 또한 좋지 않겠습니까? 만약 임금의 말이 선하지 않은데 그것에 반대하지 않는다면 한마디 말로 나라를 망하게 함을 기대할 수 있지 않겠습니까?"라고 했다.

-《논어》

◎ 공자가 말했다. "덕으로 정치를 하는 것은 비유하자면 마치 북극성이 제자리에 있고 뭇 별들이 그를 향하는 것과 같다."   -《논어》

정치의 규모

◎ 공자가 말했다. "천승의 수레를 낼 수 있는 나라를 다스릴 때는 모든 일을 받들어 조심하고 믿음 있게 하며, 재물을 절약하고 사람을 사랑하며 백성을 부릴 때에는 시기를 골라서 해야 한다."

–《논어》

◎ 공자가 위나라에 갈 때에 염유가 수레를 몰았다. 공자가 말하기를 "백성들이 매우 많구나."라고 했다. 염유가 "이미 백성들이 많다면 또 무엇을 더해야 합니까?"라고 묻자, 공자가 말하기를 "부유하게 해 주어야 한다."라고 했다. 염유가 "이미 부유해졌으면 또 무엇을 더해야 합니까?"라고 묻자, 공자가 말하기를 "가르쳐야 한다."라고 했다.

–《논어》

◎ 자공이 정사에 대해서 묻자 공자가 "식량을 풍족하게 하고 군사력을 튼튼하게 하면 백성들이 믿을 것이다."라고 말했다. 자공이 "어쩔 수 없어서 꼭 버린다면 이 세 가지 중에서 무엇을 먼저 버리시겠습니까?"라고 묻자, 공자가 "군사력을 제거할 것이다."라고 대답했다. 자공이 "어쩔 수 없어서 꼭 버린다면 나머지 두 가지 중에서 무엇을 먼저 버리시겠습니까?"라고 묻자, 공자가 말하기를 "식량을 버릴 것이다. 예로부터 사람들은 모두 죽게 되어 있는데 백성들에게 믿음이 없으면 나라가 존립할 수 없게 될 것이다."라고 했다.

–《논어》

정치의 절차와 항목

◎ 무릇 천하와 국가를 다스리는 데는 아홉 가지 떳떳한 법이 있으니, 자신을 수양하는 것, 어진 이를 존경하는 것, 어버이를 사랑하는 것, 대신을 공경하는 것, 여러 신하들을 내 몸처럼 여기는 것, 백성들을 자식처럼 여기는 것, 모든 공인(工人, 기술자)들을 오게 하는 것, 먼 지방의 사람들을 잘 대해 주는 것, 제후들을 따뜻하게 품어 주는 것을 말한다.

자신을 수양하면 도가 확립되고, 어진 사람을 존경하면 의혹되지 않고, 어버이를 사랑하면 백부·숙부와 형제들이 원망하지 않고, 대신을 공경하면 현혹되지 않고, 여러 신하들을 내 몸처럼 여기면 선비들이 정중하게 예절로 보답하고, 백성들을 자식처럼 여기면 백성들이 부지런하게 되고, 모든 공인들을 오게 하면 재물의 쓰임이 풍족하게 되고, 먼 지방의 사람들을 잘 대해 주면 사방의 사람들이 몰려오고, 제후를 따뜻하게 품어 주면 천하가 두려워하여 복종하게 된다.

제계하고 깨끗이 하며 성복을 갖추어 입고서 예가 아니면 움직이지 않는 것은 자신을 수양하는 것이요, 아첨하는 사람을 물리치고 여색을 멀리하며 재물을 천하게 생각하고 덕을 귀하게 여기는 것은 어진 사람을 장려하는 것이요, 지위를 높여 주고 녹을 많이 주며 좋아하고 싫어하는 것을 함께하는 것은 어버이를 사랑함을 권장하는 것이다. 관속을 많이 두어 부릴 사람을 마음대로 맡기게 하는 것은 대신을 권장하는 것이요, 진심으로 대하고 믿으며 녹을 많이 주는 것은 선비들을 권장하는 것이요, 철에 따라 부역을 시키고 세금을 적게 거두는 것은 백성들을 권장하는 것이다. 날로 살피고 달로 시험하여 창고에서 녹을 주는 것을 일에 맞추어 하는 것은 백공을 권장하는 것이요, 가는 사람을 전송하고 오는 사람을 맞이하며, 잘하는 사람을 가상히 여기고 잘하지 못한 사람을 가엾게 여기는 것은 먼 지방 사람을 잘 대해 주는 것이요, 끊어진 대를 이어 주고 망한 나라를 일으켜 주며, 혼란한 나라를 다스리게 해 주고 위태로운 나라를 유지할 수 있도록 해 주며, 조회와 방문을 때에 맞게 하며, 보내는 것을 많이 하고 받는 것을 적게 하는 것은 제후들을 따뜻하게 품어 주는 것이다. 무릇 천하와 국가를 다스리는 데에는 아홉 가지 떳떳한 법이 있으나, 그것을 행하는 것은 하나다.

                                                 –《중용》

○ 주자가 말했다. "하나라는 것은 성실함이니 아홉 가지 가운데 한 가지라도 성실하지 않으면 아홉 가지 모두가 헛일로 된다. 이것이 아홉 가지 떳떳한 법의 내실이다."

   정치는 대개 이 장에서 벗어나지 않습니다. 아래에서 부연 설명을 했는데, 건중(建中, 중도를 세움)과 건극(建極, 표준을 세움)은 정치의 근본이고, 부유하게 해 주고 백성이 많아진 다음에 가르치는 것은 정치의 규모며, 아홉 가지 떳떳한 일은 정치의 절차와 항목입니다. 다만 아홉 가지 떳떳함은 근본적인 것과 말단적인 것을 꿰뚫어 말한 것입니다. 이른바 수신은 바로 건중과 건극을 말한 것이요, 하나라는 것은 또한 건중과 건극의 근본이니 전하께서는 생각을 극진하게 하시옵소서.

2. 용현(用賢) - 어진 사람을 등용하라

공자가 말하기를 "정치는 인재를 얻는 데 달려 있다. 어진 사람을 등용하지 않고 정치를 잘할 수 있는 사람은 없다."라고 했습니다. 임금과 신하가 서로 잘 만나야 정치를 잘할 수 있는 것이므로 임금의 직분은 오직 어진 사람을 구별해서 일을 잘 맡기는 것을 가장 중요하게 여겨야 합니다. 그러므로 이 장을 먼저 놓고 장 가운데서 논의를 특히 상세하게 했습니다.

사람을 관찰하는 방법

◎ 공자가 말했다. "그가 행하는 것을 보고, 그가 따르는 것을 살피고, 그가 편안하게 여기는 것을 관찰한다면 사람이 어떻게 숨길 수 있

겠는가?   —《논어》

◎ 공자가 말했다. "뭇 사람들이 그를 미워하더라도 반드시 살펴보고
  뭇 사람들이 그를 좋아하더라도 반드시 살펴봐야 한다."   —《논어》

군자의 행실

◎ 맹자가 말했다. "사람은 하지 않는 것이 있은 뒤에야 하는 것이 있
  게 된다."   —《맹자》

 ✤ 《맹자》〈이루 하(離婁下)〉에 나오는 말이다. 하지 않는 것이 있다는
   것은 옳은 것과 그른 것을 선택할 줄 안다는 말이다. 오직 하지 않는
   것이 있기 때문에 하는 것이 있게 되니, 하지 않는 것이 없는 사람은
   할 일 또한 없는 것이다.

◎ 《주역》에서 말했다. "군자는 같으면서도 다르다."

                                        —《주역·규괘(睽卦)·상사》

 ✤ 규괘는 태양[☲] 아래에 연못[☱]이 있는 형상이다. 불은 위로 기
   운이 솟고 물은 아래로 흘러가는 성질을 가지고 있다. 따라서 규괘
   는 흐르는 것은 똑같지만 서로 정반대를 향하는 모습이다. 성현이 세
   상을 살아가는 데에 있어 인간의 도리를 지키는 것은 세속의 모든 사
   람들이 비슷하지만 때로 다른 점도 있다. 예를 들어, 세속의 효도나
   충성을 한다는 점은 비슷하지만, 부모의 말씀에 복종하는 것에 그치

지 않고 부모를 일깨워 주며 임금에게 충성을 하지만 도리에 맞도록
이끌다가 지키지 않으면 떠난다는 점에서 세속 사람과 다르다. 세속
과 함께하지 못하는 사람은 윤리를 어지럽히고 이치에서 벗어난 사람
이다. 세속과 다르게 하지 못하는 사람은 오직 세속에만 영합해서 그
릇된 것을 익히는 사람이다. 따라서 군자는 같으면서도 달리할 줄 알
아야 한다.

◎ 맹자가 말했다. "선비는 곤궁해도 의리를 잃지 않고 영달(榮達, 벼슬
이 높아지고 신분이 귀해지는 것)해도 정도에서 벗어나지 않는다. 곤궁해
도 의리를 잃지 않기 때문에 선비는 자기 자신을 보존할 수 있고,
영달해도 정도에서 벗어나지 않기 때문에 백성들이 실망하지 않
는다."   ─《맹자》

◎ 《주역》에서 말했다. "임금을 섬기지 않고 자기 자신의 일을 높이
숭상한다."   ─《주역·고괘(蠱卦)·상구 효사》
✛ 고괘는 산[☶] 아래에 바람[☴]이 있는 형상이다. 산 위에 바람이
불어 재앙을 일으키는 형상이다. 고괘는 원래 벌레들이 물건을 파먹
는 것을 뜻한다. 태평 세월이 오래되면 부패와 혼란이 내부로부터 발
생하기 시작한다. 이러한 때에 선비는 스스로 자신을 고상하게 지킬
줄 알아야 하는데 이렇게 하는 길은 여러 가지가 있다. 큰 뜻과 덕을
지녔으나 때를 만나지 못해 스스로를 지키기도 하고 스스로 지족의

도리를 깨달아 물러나 몸을 보존하기도 한다. 또 자기 분수를 헤아려 남이 알아주기를 바라지 않는 경우도 있고, 청렴하게 절개를 지켜 천하의 일을 달갑게 여기지 않아서 홀로 그 몸만을 깨끗이 하는 경우도 있다.

소인의 간사함을 분별하라

◎ 공자가 말했다. "비열한 사람과 함께 임금을 섬길 수 있겠는가? 비천한 사람은 아직 얻지 못했을 때는 얻을 것을 걱정하고, 얻고 난 후에는 잃을까 봐 걱정한다. 만약 진실로 잃을까 봐 걱정하게 되면 못하는 것이 없게 될 것이다." —《논어》

◎ 공자가 말했다. "말을 교묘하게 잘하고 얼굴빛을 잘 꾸미는 사람에게서 어진 마음을 찾는 것은 어렵다." —《논어》

◎ 공자가 말했다. "마을 사람들이 모두 칭송하는 근엄하고 너그러운 척하는 사람은 덕을 해치는 사람이다." —《논어》

군자와 소인에 대한 논의

◎ 공자가 말했다. "군자는 의리에 밝고 소인은 이익에 밝다."

—《논어》

◎ 공자가 말했다. "군자는 화합하나 부화뇌동(附和雷同, 줏대 없이 남의 의견에 따라 움직임)하지 않으며, 소인은 부화뇌동하나 화합하지 않

는다."　　　　　　　　　　　　　　　　　　　　　　　－《논어》

◎ 공자가 말했다. "군자는 두루 사귀되 편을 가르지 않고, 소인은 편을 가르되 두루 사귀지 못한다."　　　　　　　　　　－《논어》

◎ 맹자가 말했다. "임금을 잘 섬기는 사람이 있는데, 그런 사람은 임금을 섬기게 되면 임금에게 아첨하여 기쁘게 해 주는 자다. 또 사직을 안정시키는 신하가 있는데, 그런 사람은 사직을 안정시키는 것을 자기의 기쁨으로 삼는 자다. 또 천리에 따르는 사람이 있는데, 그런 사람은 자신이 영달하여 도를 천하에 행할 수 있게 된 다음에야 비로소 도를 행한다. 대인이 있는데, 이 사람은 자기 자신을 바로 함으로써 모든 것이 바로잡히게 하는 그러한 사람이다."

　　　　　　　　　　　　　　　　　　　　　　　－《맹자》

등용과 버림의 마땅함

◎ 애공(哀公, 노나라의 군주)이 묻기를 "어떻게 하면 백성들이 복종하겠습니까?"라고 하자, 공자가 대답하기를 "곧은 사람을 등용하고 모든 굽은 사람들을 버린다면 백성들이 복종할 것이요, 굽은 사람을 등용하고 모든 곧은 사람을 버려 둔다면 백성들이 복종하지 않을 것이다."라고 했다.　　　　　　　　　　　　－《논어》

◎ 어진 사람을 보고도 등용하지 못하며 등용하되 먼저 등용하지 않는 것은 태만한 것이요, 착하지 않은 사람을 보고도 물리치지 못하

174

며 물리치되 멀리 물리치지 못하는 것은 허물이다.　　　　　 –《대학》

어진 사람을 구하는 방법

◎ 《주역》에서 말했다. "날아다니는 용(龍)이 하늘에 있으니 대인(大人)
을 만나 보는 것이 이롭다."　　　　　　　 –《주역·건괘·구오 효사》

　✦ 나는 용[飛龍]은 천자를 상징한다. 천자가 대인을 만나는 것이 이
롭다는 말은 성인이 천자의 지위를 얻었으면 아래로 큰 덕을 갖춘 사람
을 만나서 함께 천하의 일을 이루는 것이 이롭다는 말이다. 같은 소리
는 서로 호응하고 같은 기운은 서로를 찾아다닌다. 따라서 천자가 대
인을 만나는 것은 같은 소리와 같은 기운이 서로를 갈망하는 것이다.

◎ 《주역》에서 말했다. "산버들 나뭇잎으로 참외를 싼다. 아름다움을
머금고 있으면 하늘로부터 떨어지는 것이 있으리라."

　　　　　　　　　　　　　　　 –《주역·구괘·구오 효사》

　✦ 산버들은 높은 나무로 잎이 크다. 따라서 높은 데 있는 산버들 나뭇
잎으로 낮은 데 있는 참외를 싸는 것은 높은 자리에 있는 임금이 낮은
자리에 있는 어진 사람을 구해 높여 주는 것이다.

◎ 중궁[仲弓, 공자의 제자로 성은 염(冉)이요 이름은 옹(雍)이며, 자가 중궁
이다.]이 "어떻게 어진 사람과 유능한 사람을 알아서 등용합니까?"

라고 묻자, 공자가 "네가 아는 사람을 등용하면 네가 모르는 사람에 대해서 사람들이 버려 두겠느냐?"라고 대답했다. —《논어》

◎ 맹자가 말했다. "요임금은 순을 얻지 못할까 항상 걱정했고, 순은 우와 고요를 얻지 못할까 항상 걱정했다. 남에게 재물을 나누어 주는 것을 은혜라 이르고, 남에게 선을 가르치는 것을 충이라 이르고, 천하를 위해 인재를 얻는 것을 인이라 한다. 그러므로 천하를 남에게 주기는 쉬우나, 천하를 위해 인재를 얻기란 어려운 일이다." —《맹자》

임용하는 도리

◎ 《주역》에서 말했다. "성인은 어진 사람을 길러서 모든 사람에게 미치게 한다." —《주역·이괘·단사》

◎ 맹자가 제나라 선왕을 만나 뵙고 말했다. "왕께서 거대한 궁궐을 지으려면 반드시 도목수에게 큰 재목을 구해 오게 할 것입니다. 만약 도목수가 큰 재목을 구해 오면 왕께서는 기뻐하며 이 도목수가 자기의 책임을 잘 감당한다고 여길 것입니다. 그런데 장인이 그 나무를 깎아서 작게 만들면 왕께서는 성을 내시어, 그 장인이 자기의 책임을 잘 감당하지 못한다고 여길 것입니다. 대개 사람이 어려서 배우는 것은 커서 그것을 행하고자 하는 것인데, 왕께서 '잠시 네가 배운 것을 버리고 나를 따르라.'라고 하신다면 어떻

게 되겠습니까? 지금 다듬지 않은 옥이 여기에 있다고 합시다. 비록 만 일(鎰, 무게의 단위)이나 되는 큰 것이라 할지라도 반드시 옥공에게 그것을 다듬게 할 것입니다. 그런데 나라를 다스리는 데 이르러서는 '잠시 네가 배운 것을 버리고 나를 따르라.'라고 하신다면, 옥공에게 옥 다듬는 것을 가르쳐 주는 것과 무엇이 다르겠습니까?"
                                                                    -《맹자》

공경하고 친애하는 도리

◎ 정공(定公, 노나라의 군주)이 묻기를 "임금이 신하를 부리고 신하가 임금을 섬기는 것은 어떻게 해야 합니까?"라고 하자 공자가 대답하기를 "임금은 신하를 예로써 부리고 신하는 임금을 충으로 섬겨야 한다."라고 했다.
                                                                    -《논어》

◎ 두 사람이 마음을 합하면 날카롭기가 쇠를 끊을 수 있고, 마음을 같이하는 말은 냄새가 난초 향기처럼 향기롭다.   -《주역·계사전》

◎ 《시경》에서 말했다. "화사하게 우는 사슴의 울음소리여. 들에서 풀을 뜯어 먹는구나. 내게 아름다운 손님이 찾아오니 비파를 타며 피리를 부노라. 피리를 불고 생황을 울려 광주리를 받들어 폐백을 올리니 나를 좋아하는 사람은 나에게 큰 도를 보여 줄지어다."
                                                        -《시경·소아·녹명(鹿鳴)》

✥ 이 시는 손님을 맞이하여 연회를 베푸는 내용으로 되어 있다. 군신의

예는 엄격한 것을 중요하게 여기고 조정의 예는 공경을 중요하게 여긴다. 그러나 지나치게 엄하고 공경한 것만을 따지면 마음이 통하지 못해서 충언을 할 수 없다. 따라서 선왕이 회식하는 연회를 베풀어 상하의 마음을 통하게 한 것이다.

소인을 멀리하라

◎ 《주역》에서 말했다. "서리를 밟으면 점차 단단한 얼음에 이르게 된다." ─《주역·곤괘·초륙 효사》

♣ 음(陰)이 엉겨 서리가 되는데, 서리가 내리면 음이 더욱 왕성해져서 단단한 얼음이 된다. 이 말은 소인이 처음에는 비록 미약할지라도 성장하게 해서는 안 된다는 말이다. 소인의 악행은 처음에 바로잡지 않으면 갈수록 커져서 나중에는 걷잡을 수 없게 된다.

◎ 공자가 말했다. "정(鄭)나라의 음악을 추방하고 말 잘하는 사람을 멀리해야 한다. 정나라의 음악은 음란하고 말 잘하는 사람은 위험하기 때문이다." ─《논어》

◎ 목왕(穆王)이 백경(伯冏)에게 명했다. "너는 간사한 사람을 가까이하여 귀와 눈을 가득 채워서 임금을 선왕의 법이 아닌 것으로 인도하지 말라." ─《서경·주서·경명(冏命)》

♣ 목왕은 주나라 5대왕이고 백경은 그의 신하다. 백경은 왕의 수레를

관장하는 직책인 태복정(太僕正)에 임명되어 목왕을 보필했다. 이 글은 목왕 자신이 가까운 신하들이 자신을 잘못 인도할까 우려해서 경고한 말이다. 그러나 목왕은 결국 말을 모는 신하를 잘못 기용하여 천하를 유랑하게 된다.

◎ 《시경》에서 말했다. "혼란이 처음 생겨나는 것은 참소하는 말을 받아 주었기 때문이며, 혼란이 또 생겨나는 것은 군자(여기서는 왕을 말함)가 참소하는 말을 믿기 때문이다. 군자가 참소하는 말을 듣고 분노하면 혼란이 빨리 그칠 것이며, 군자가 좋은 말을 듣고 만약 기뻐한다면 혼란이 빨리 종식되리라." —《시경·소아·교언(巧言)》

어진 사람은 국가를 다스리는 그릇입니다. 나라를 다스리고자 하면서 어진 사람을 구하지 않는 것은 마치 배와 노를 버리고서 강을 건너려고 하는 것과 같습니다. 이윤이 유신[有莘, 중국 고대의 나라 이름. 《맹자》에 의하면 이윤이 유신의 들에서 밭을 갈았다고 한다. 오늘날에는 섬서성(陝西省) 합양현(郃陽縣)에 있으며 신리(莘里)라고 부른다.]에 있을 때 직접 경작하고 도를 즐기면서 세상일에는 마음을 두지 않아 탕왕이 거듭 초빙해도 확고한 마음을 가지고 부름에 응하지 않았습니다. 그런데 정성이 너무 간절해서 겨우 부름에 응했던 것입니다. 제갈량은 융중(隆中)에 있을 때, 소열황제(유비를 말함)가 두 번이나 찾아가도

은둔할 생각을 버리지 않았습니다. 그런데 소열황제가 마음속으로 그를 좋아하여 세 번 찾아가기를 게을리하지 않은 다음에야 마음을 돌려 몸을 임금에게 맡겼습니다. 두 사람의 계책이 서로 맞아 재주를 다하고 정성을 바쳐 다시 한 왕실의 부흥을 기약했습니다. 이윤과 제갈량은 비록 도가 조금 다르고, 덕에도 크고 작은 차이가 있지만 임금을 만나 충성을 다한 것은 똑같았습니다. 이런 일이 어찌 두 사람의 현명함만으로 그렇게 된 것이겠습니까? 진실로 임금으로 인해서 그렇게 될 수 있었던 것입니다.

후세의 임금 가운데 어진 사람을 좋아하는 것이 탕왕이나 소열황제 같지 않기 때문에 성스럽고 현명한 학자와 호걸의 재주를 가진 선비들이 대부분 자기 집에서 늙고 말았습니다. 임금은 반드시 먼저 이치를 연구하고 사람의 말을 잘 알아서 법도가 어긋나지 않은 다음에 어진 사람을 알아볼 수 있는 것입니다. 밝은 지혜로 뱃속까지 환하게 비춘 다음에 서로 믿을 수 있으며, 믿음이 독실하여 부절(符節, 임금과 신하, 가령 사신이나 병권을 쥔 장군 등이 나눠 가졌던 신표로, 서로 맞추어서 진위를 확인했음)같이 합치된 다음에 서로 기뻐할 수 있습니다. 기쁨이 서로 가까워 은혜가 부자같이 된 다음에 일을 맡길 수 있으며, 전적으로 일을 맡겨 다른 마음을 먹지 않은 다음에 도를 행하고 극진하게 다스릴 수 있습니다. 그렇게 된다면 오직 자기의 뜻대로 한 시대를 통치하여 만세까지 여유롭게 될 것입니다.

이와 반대인 임금들은 수기의 공부도 하지 않고 사람을 알아보는 식별력도 없이 간혹 헛되이 이름난 사람만을 취하거나 혹은 순종하는 사람들이 옆에 있는 것만 기뻐합니다. 그리고 자신이 정말 좋아하는 사람을 끝까지 붙잡지 못하고, 일을 맡기면서도 의심을 하며, 잘못된 논의를 해도 오히려 벼슬과 봉록을 주어 붙잡고, 임금을 그릇되게 인도해도 오히려 충성스럽다고 하며, 국사가 날마다 잘못되어도 상하가 모두 근심하지 않습니다. 이러한 것을 고치려고 하는 사람이 있다면 오히려 의심하고 미워하여 혼자서 마음대로 처리하고 남에게 맡기지 않습니다. 그리고 총명함이 넓지 못하고 좀스러워 신하의 직분을 다하지 못하게 하고, 다스리는 기능과 여러 가지 공적들이 무너져 혼란에 빠지고 패망하게 되는 것은 한 가지입니다. 이것은 임금께서 마땅히 경계해야 할 일입니다. 엎드려 바라옵건대 전하께서는 잘 살피시옵소서.

3. 취선(取善)-좋은 것을 취할 줄 알아야 한다

임금과 신하가 이미 서로를 얻으면 반드시 남의 좋은 점을 취해 많은 계책을 모두 듣고 시행한 다음에 정치를 완성할 수 있습니다. 그러므로 취선 장을 다음에 두었습니다.

◎ 이윤이 말했다. "군주는 백성이 아니면 부릴 사람이 없으며, 백성은 군주가 아니면 섬길 사람이 없으니 자신을 큰 존재로 여기고 남을 작게 여기지 마소서. 평범한 사람들이 스스로 다함을 얻지 못하면 백성의 군주는 더불어 공을 이루지 못할 것입니다."

-《서경·상서·함유일덕(咸有一德)》, 이윤이 태갑에게 경고한 말

◎ 기자[箕子, 은나라 주왕(紂王)의 숙부로 현인으로 꼽혔음]가 무왕에게 말했다. "무릇 서민들 가운데 계책을 가지고 있거나 그것을 시행하거나 지키는 사람이 있다면 임금께서 그들을 생각하여 표준(선을 말함)에 부합하지 않더라도 허물이 없으면 받아들이옵소서. 그리고 편안한 얼굴빛으로 '제가 좋아하는 것이 덕입니다.'라고 하거든 임금께서 복을 내려 주시옵소서." -《서경·주서·홍범》

◎ 공자가 말했다. "군자는 말이 착하다고 해서 그 사람을 등용하지 않고, 사람이 악하다고 해서 그 말까지 버리지는 않는다."

-《논어》

◎ 공자가 말했다. "순임금은 매우 지혜로운 분이다. 순임금은 묻기를 좋아하시고 백성들의 떠도는 말까지 살피기 좋아하시며, 악한 점을 숨기고 선한 점을 드러내시며 양쪽 끝을 가지고 백성들에게 중용의 도를 베풀었으니, 그 때문에 순임금이 된 것이다." -《중용》

◎ 맹자가 말했다. "위대한 순임금은 사람들과 더불어 선을 행하려고 자신을 버리고 남을 따랐으며, 남에게서 취해 선을 행하기를 즐

겼다. 농사짓고 질그릇 굽고 물고기 잡는 데서부터 황제가 되는 데 이르기까지 남에게서 취하지 않은 것이 없었다. 남에게서 취하여 선을 행하는 것이 곧 남이 선을 행하도록 도와주는 것이다. 그러므로 군자에게는 남이 선을 행하도록 도와주는 것보다 더 큰 일은 없다."

-《맹자》

◎ 《시경》에서 말했다. "선현들이 말씀하되 나무꾼에게도 물으라 하시니라."

-《시경·대아·판(板)》

◎ 《주역》에서 말했다. "지혜로써 백성에게 임한다. 대군으로서 마땅한 일이니 좋은 일이 있으리라." -《주역·임괘(臨卦)·육오 효사》

✢ 임괘는 땅[☷] 아래에 연못[☱]이 있는 형상이다. 임금이 어진 신하에게 국정을 맡겨 힘들이지 않고도 나라를 다스리는 것을 말하는데, 이것이 곧 지혜로 임하는 것이다. 만약 광대한 천하를 한 사람이 모두 다스리면서 작은 일까지 맡아서 한다면 어떻게 두루 미칠 수 있겠는가? 그러므로 임금이 모두 전담하는 것은 지혜롭지 못한 것이다. 착한 것을 취하고 총명한 사람에게 위임한다면 모든 일이 잘 처리될 것이다. 이것이 바로 지혜로운 일이고 군주가 해야 하는 마땅한 일이다. 따라서 길하게 된다.

천하는 지극히 넓고 일의 기틀은 매우 번거롭습니다. 임금이 작은 몸으로 고요하고 검소하게 거처하면서도 넉넉하게 대응하는 것은 다만 천하의 지혜를 모아서 천하의 일을 결단하기 때문입니다.

사람은 각각 지혜가 있기 때문에 어리석은 사람이라도 한 가지의 지혜를 가지고 있습니다. 만약 많은 지혜를 모두 취하여 하나로 합하고, 내가 가진 저울과 거울로 정밀하게 살펴서 중용의 도를 얻는다면 천하가 비록 넓다고 할지라도 손바닥 위에서 움직이는 것과 같을 것입니다. 또한 일의 기틀이 비록 번거롭다고 할지라도 결단하는 것은 물동이를 세우는 것처럼 쉬울 것입니다. 천하의 눈을 내 눈으로 삼는다면 보지 못하는 것이 없고, 천하의 귀를 내 귀로 삼는다면 듣지 못하는 것이 없으며, 천하의 마음을 내 마음으로 삼으면 생각하지 못할 것이 없을 것이니, 이것이 성스러운 임금과 현명한 군주가 천하의 사람들을 고무시키면서도 마음과 힘을 들이지 않는 까닭입니다.

스스로 성스러운 지혜를 가졌다고 자랑하지 않고 남의 좋은 점을 취하려고 힘쓰는 것은 비천한 것 같지만 실제는 위대한 순임금께서 실행했던 것입니다. 순임금의 총명함이 어찌 다른 사람보다 못하여 "다른 사람에게서 선을 취했다."라고 했겠습니까? 진실로 도리는 무궁하고 성인의 마음은 광대하고 공명하여 하나의 선을 들으면 재빠르게 그것을 행하여 자신과 타인의 간격을 두지 않았습니다. 그러므로 천하의 선을 모아서 스스로 실행했으니, 이것이 바로 순임금이 지극하게 된 까닭입니다.

184

만약 선을 좋아한다는 이름만 있고 실상이 없으면 여러 가지 계책이 모이더라도 법도가 마땅함을 잃게 될 것입니다. 그리하여 난초를 가리켜 더러운 냄새가 난다고 하며, 숯을 가리켜 하얗다고 하고, 명검인 막야(莫耶, 오나라 왕 합려가 갖고 있던 명검)를 무디다고 하고 납으로 만든 칼을 날카롭다고 할 것입니다. 또는 간혹 그릇된 것을 옳다고 하고 바른 것을 나쁘다고 하더라도 막연해서 취하거나 버리지 못할 것입니다. 말이 궁중에 가득해도 한결같이 시행할 수 없을 것이며, 아득히 깊은 우물 속에 빠진 것 같다면 선비들이 실의에 빠져 떠날 것입니다. 그 뒤에 비록 선한 말을 구하거나 선비를 초빙한다고 할지라도 누가 감히 명령에 응하겠습니까? 이러한 것들은 모두 임금께서 스스로 취하는 것입니다. 득실이 이와 같으니 전하께서는 굽어 살피시옵소서.

4. 식시무(識時務) – 시급한 일을 알아야 한다

지혜로운 사람은 알지 못하는 것이 없지만 마땅히 힘써야 할 것을 급하게 여겨야 합니다. 비록 많은 계책이 모였다 하더라도 반드시 먼저 시급한 일에 필요한 것을 취해야 합니다. 그러므로 식시무 장을 다음에 두었습니다.

시무의 개요

◎ 학문을 논할 때는 곧 이치를 분명하게 해야 하고, 정치를 논할 때는 반드시 체계를 알아야 한다.　　　　　-《정씨유서》, 정명도의 말

◎ 생각을 선하게 하여 움직이되 움직일 때에는 시기에 맞게 하소서.

-《서경·상서·열명》

✤ 〈열명〉편은 은나라 고종이 명재상이었던 부열에게 교훈적인 명령을 내린 글이다. 위의 글은 부열이 고종에게 한 말로 생각한 것을 실천할 때는 항상 선한 방향으로 움직여야 하며, 그것도 시기를 알맞게 조절해야 한다는 말이다.

창업의 도

◎ 《주역》에서 말했다. "구름과 우뢰가 둔괘(屯卦)다. 군자는 이것을 보고서 나라를 다스린다."　　　　　-《주역·둔괘·상사》

✤ 둔괘는 물[☵] 아래에 우뢰[☳]가 있는 형상이다. 우뢰가 위에서 움직이고자 하지만 자꾸 물에 빠지는 것으로 앞으로 나아가지 못하고 막히는 상이다. 군자는 이 둔괘의 상을 잘 관찰해서 막혀 있는 둔괘의 난관을 극복하고 세상을 다스려야 한다.

◎ 공자가 말했다. "황제와 요임금·순임금이 나와서 그 변화를 통해 백성들로 하여금 게으르지 않게 하며 신묘하게 교화해서 백성으로

186

하여금 마땅하게 했으니, 역은 궁(窮, 막히게 되는 것)하면 변(變)하고, 변하면 통하며, 통하면 오래간다. 이 때문에 하늘이 도와서 길하고 이롭지 않은 것이 없다." —《주역·계사전》

✤ 황제와 요임금·순임금 같은 성인이 이 세상에 나와서 천지의 변화를 이용해서 인간의 삶에 적용하고 백성들을 교화했다. 그것이 바로 역을 만든 이유다. 역이란 변화를 상징한다. 궁색하면 변하게 되고, 변하면 두루 통하게 되며, 두루 통하면 오래 지속된다는 의미다. 그렇기 때문에 이러한 이치를 깨달아 백성들을 교화하면 하늘이 인간을 도와서 영원히 이롭게 된다.

◎ 맹자가 말했다. "군자는 창업(創業)을 하고 국통(國統, 나라의 정통성)을 자손에게 전해 주어 이어받게 하면 됩니다." —《맹자》

수성의 도

◎ 부열이 말했다. "선왕이 이루어 놓은 법을 보시어 길이 잘못이 없게 하소서." —《서경·상서·열명》, 부열이 고종을 경계한 말

◎ 《시경》에서 말했다. "잘못을 짓지도 않고 잊지도 않으며 옛 선왕의 법도를 따르도다." —《시경·대아·가락(假樂)》

경장의 도

◎ 《주역》에서 말했다. "항구한 것은 형통한다. 갈 곳이 있으면 이
롭다."
　　　　　　　　　　　　　　　　　　　　　　　　　　−《주역·항괘(恒卦)·단사》

⚷ 항괘는 우뢰[☳] 아래에 바람[☴]이 있는 형상이니 그 변화가 다양
하다. 항(恒)이란 오래 지속한다는 뜻이니 어느 하나만을 고집하는 것
이 아니다. 만약 하나만을 고집한다면 변화에 대처하지 못해서 오래갈
수 없게 될 것이다. 수시로 변화할 수 있는 것이 일상의 도리다. 그렇
기 때문에 갈 곳이 항상 있으면 수시로 변화하면서 오래 지속할 수 있
는 것이다.

◎ 《주역》에서 말했다. "개혁한다는 말이 세 번 합하면 믿음이 있으리
라."
　　　　　　　　　　　　　　　　　　　　　　　　　−《주역·혁괘(革卦)·구상 효사》

⚷ 혁괘는 연못[☱] 아래에 불[☲]이 있는 형상이다. 혁이란 바로잡
는다는 뜻인데, 낡은 것을 버리고 새것을 창조해 내는 과정을 말한다.
마땅히 개혁해야 할 일을 두려워해서 개혁하지 않는다면 때를 잃어서
오히려 해가 된다. 혼자서 개혁하려 하지 말고 공론을 모아 세 차례나
의견이 합치되면 그때 개혁을 하는 것이 좋다.

◎ 《주역》에서 말했다. "거친 것을 포용해 주고 황하를 맨몸으로 건너
는 용맹을 쓰고, 멀리 있는 것을 버리지 않고 붕당을 없애면 중용

의 도리에 합치될 것이다."
-《주역·태괘(泰卦)·구이 효사》

✦ 태괘는 땅[☷] 아래에 하늘[☰]이 있는 형상이다. 나라를 다스리는 도리는 거칠거나 지저분한 것이라도 포용하는 아량이 있어야 한다. 만약 포용하는 도량이 없이 성내고 미워하는 마음만 있다면 묵은 폐단을 버릴 수 없고 환란만 생길 것이다. 또한 태평한 시대에는 안일에 빠지기 쉬우므로 강물을 맨몸으로 건널 용기를 가지고 건너는 것처럼 분발해서 낡은 폐단을 고쳐야 한다. 그리고 태평해지면 먼 데 일에까지 생각이 미치지 못하는데 현명한 사람은 먼 곳에 숨어 있으며 나라를 망하게 할 폐단도 은밀한 곳에 숨어 있다. 따라서 낮은 곳과 먼 곳을 항상 살펴봐야 하는 것이다. 그리고 평화로운 시대에 사사로운 욕심을 근절하지 않으면 안일에 빠진 사람들은 붕당을 만들게 된다. 따라서 중용의 도리에 합치되기 위해서는 이상의 네 가지를 가지고 세상을 다스려야 한다.

시무는 한결같지 않고 각각 마땅한 시기가 있는데, 큰 요지를 살펴보면 창업(創業, 나라를 건립하는 일), 수성(守成, 나라를 지켜 내는 일), 경장(更張, 변화와 개혁을 하는 일) 세 가지뿐입니다. 창업의 도는 요임금·순임금이나 탕왕·무왕의 덕으로 시대를 개혁할 상황이 되어야 하지만 하늘의 도리와 인간의 법도에 순응하지 않으면 불가하므로 이것은 논의할 것이 없습니다. 수성은 성스러운 임금과 어진 재상이 제도를 만들고 법을 확립하여 정치 기구를 갖추고 예악을 아름답고 훌륭하게 하면 후세의 임금과 어진 사람들은 단지 만들어진 규범에 따라서 팔짱을 끼고 지키면 되는 것입니다.

경장이란 다음과 같습니다. 융성함이 극에 도달하면 가운데가 약해지고, 법이 오래되면 폐단이 발생하고, 안일함에 빠지면 고루하게 되고, 백 가지 법도가 폐지되고 해이해지면 나날이 어긋나고 잘못되어 장차 나라를 다스릴 수 없게 됩니다. 이때 반드시 현명한 임금과 명철한 신하가 분연히 일어나 기강을 바로 세우고 혼탁해진 것을 각성시키며, 옛 악습을 깨끗이 씻어 버리고 묵은 폐단을 개혁하고, 선왕께서 남겨 주신 뜻을 잘 계승하여 한 세대의 규범을 새롭게 만들어야 합니다. 그래야 그 공적이 선조들을 빛내고 후손들에게 드리워질 것입니다. 이것이 바로 경장입니다.

비유하자면 자손들이 조상의 옛 집을 지키는 것과 같습니다. 햇수가 오래될수록 재목도 낡고 썩어서 장차 무너지려고 할 때 좋은 목수를 만나지 못하면 고칠 수가 없습니다. 이런 경우 주인은 천 리 길이라도 달려가서 급하게 목수를 구하겠습니까 아니면 좋은 목수를 구하지 못했다고 핑계만 대면서 앉아서 무너지는 것을 바라보겠습니까? 잘못된 정사를 개혁하는 것이 어찌 이것과 다르겠습니까?

아! 사람들의 마음은 옛 풍속에 안주하려 하고 세상의 풍습은 전 시대의 법규에 빠져 교주구슬(膠柱鼓瑟, 아교풀로 기둥을 붙여 놓고 거문고를 타는 것)하고 수주대토(守株待兎, 그루터기에 앉아서 토끼가 오기를 기다리는 것)하며 구차하게 눈앞에 아무 일도 일어나지 않는 것만을 다행으로 여기다가 뜻밖의 황당한 화근을 당하는 경우가 많습니다. 엎드려 바라옵건대 전하께서는 깊이 경계하시옵소서.

5. 법선왕(法先王) — 선왕을 본받아야 한다

시무를 밝게 깨달았다고 할지라도 선왕의 정치를 회복하지 못하면 마치 그림쇠를 따르지 않고 손으로 원과 사각형을 그리는 것과 같아서 끝내 세상의 도리를 되찾아서 제대로 다스리지 못할 것입니다. 그러므로 법선왕 장을 이 다음에 두었습니다.

◎ 맹자가 말했다. "규구(規矩: 규는 원을 그리는 도구로 컴퍼스와 같은 것이고, 구는 곱자로 모난 것을 그리는 자를 말한다.)는 네모와 둥근 것을 만드는 표준이고, 성인은 인륜의 표준이다. 임금 노릇을 하려면 임금의 도리를 다해야 하고, 신하 노릇을 하려면 신하의 도리를 다해야 하는데, 이 두 가지는 모두 요임금·순임금을 본받으면 되는 것이다. 순이 요임금을 섬기던 도리로 자기 임금을 섬기지 않으면 그 임금을 존경하는 것이 아니고, 요임금이 백성을 다스리던 도리로 자기 백성을 다

스리지 않으면 그 백성을 해치는 것이다." 　　　　　　　　　－《맹자》

◎ 부열이 말했다. "견문이 많은 사람을 구하는 것은 일을 제대로 처
리하기 위한 것입니다. 옛 가르침을 배워야 얻음이 있을 것이니,
일을 처리하는 데에서 옛것을 본받지 않고 오래도록 지속했다는
말은 제가 듣지 못했습니다." 　　　　　　　　－《서경·상서·열명》

인정(仁政)이 반드시 시행될 수 있다고 하는 것은 성현의 말이고,
옛 도를 회복할 수 없다는 것은 속된 무리들의 말입니다. 다행스럽게
도 임금이 옛날의 도를 행하려고 유신(儒臣, 유학을 믿는 신하)을 친근하
게 대해서 조금 성과가 있으면, 속된 무리들이 국이 끓고 매미가 우
는 것같이 시끄럽게 비방하고 있으니 반드시 그들을 저지하여 없앤
다음에야 비방이 그칠 것입니다.

세속의 병폐는 갑자기 고치기 어렵습니다. 하루아침에 옛 도를 시
행하려 한다면 많은 사람의 마음이 불안해져 처음에는 시대에 역행
하는 것으로 보는 것이 필연적인 일입니다. 이것에 구애되어 마침내
다스릴 수 없게 된다면 세상의 도리는 더욱 떨어질 것이니 어느 때
에 회복할 수 있겠습니까? 이러한 것은 냉질에 걸린 사람에 비유할
수 있습니다. 가슴속에 열이 나는데 냉질을 치료하는 약을 조금 사용
하면 답답한 증세가 더욱 심해질 것입니다. 만약 열이 나서 아플 때
마다 항상 냉약을 마시면 뱃속에 차가운 기운이 쌓여 정작 치료할 때

192

에 치료하지 못하고 마침내는 죽게 될 것입니다.

진실로 임금이 삼대의 정치를 회복하고 어진 사람을 찾아서 일을 맡기는 데 뜻을 둔다면 소인들은 작록(爵祿, 벼슬과 봉록)을 보존할 수 없을 것입니다. 또한 기강을 바로잡는다면 그들은 권세를 잡을 수도 없을 것이며, 조정이 청명하다면 뇌물도 받을 수 없을 것입니다. 예의로 풍속을 이루면 음란하고 사치하는 일을 홀로 할 수 없을 것이며, 공로에 따라서 벼슬을 올려주고 내린다면 항상 안일에 빠지지 않을 것입니다. 이와 같이 임금이 옛 도를 행하는 것은 비루한 소인들에게는 짐독(짐새의 깃에서 뽑은 맹독)이 될 것입니다.

임금께서는 반드시 깊이 생각하고 확실하게 결단하여, 학문이 밝고 행실이 고상하며 재능과 식견을 모두 갖춘 선비가 보좌하게 한다면 해마다 공부가 축적될 섯입니다. 그리고 속된 논의가 그 사이에 개입되지 못하게 해야 합니다. 그렇게 된 다음에야 의심하고 비난하는 사람들이 점차 믿음을 갖게 되고, 비방하고 조롱하는 자들도 점차 복종할 것이며, 시기하고 질투하는 자들도 차츰 굴복하여 옛 도가 실행될 것입니다. 엎드려 바라옵건대 전하께서는 잘 살펴 생각하시옵소서.

6. 근천계(謹天戒) - 하늘이 내려 준 계율을 조심하라

임금이 하늘을 섬기는 것은 마치 아들이 아버지를 섬기는 것과 같습니다. 항상 생각하고 조금이라도 소홀하지 않아야 하며, 인사(人事)가 이미 닦여지면 하늘이 내린 계율을 더욱 공경해야 합니다. 그러므로 근천계 장을 다음에 놓았습니다.

착한 사람에게 복을, 음란한 사람에게 재앙을 내린다

◎ 이윤이 말했다. "아, 하늘은 친하게 대하는 사람이 없어 공경하는 사람을 친하게 여기며, 백성들은 항상 그리워하는 사람이 없어 어진 사람을 그리워하며, 귀신은 항상 흠향(歆饗, 귀신이 제사 음식을 받는 것)하지 않고 정성스러운 자에게 흠향하니, 천자의 자리는 어렵다."

－《서경·상서·태갑》

◎ 덕이 한결같으면 움직일 때 길하지 않음이 없고, 덕이 한결같지 않으면 움직일 때 흉하지 않음이 없을 것이다. 길하고 흉한 것이 어김없이 사람에게 달려 있다는 것은 하늘이 내리는 재앙과 상서로움이 덕의 여하에 달려 있기 때문이다.

－《서경·상서·함유일덕》, 이윤의 말

◎ 우왕이 말했다. "도를 따르면 길하고 도가 아닌 것을 따르면 흉할 것이니, 이것은 그림자와 메아리 같다."　　　－《서경·우서·대우모》

✤ 도를 따른다는 것은 선을 따른다는 것이다. 길흉은 마치 그림자와 메아리처럼 반응하여 선악에 대응한다는 의미다.

재앙을 만나 수신하는 도

◎ 《시경》에서 말했다. "하늘의 노여움을 공경하여 감히 안일하지 말며, 하늘의 변화를 공경하여 감히 멋대로 하지 말라. 높은 하늘은 매우 밝아 네가 오가는 것을 모두 지켜보며, 높은 하늘이 지극히 밝아 네가 이리저리 노는 것을 모두 지켜본다."

－《시경·대아·판》

◎ 순이 말했다. "홍수가 나를 경계했다."　　　－《서경·우서·순전(舜典)》

✤ 이 글의 출전이 〈순전〉으로 되어 있지만 이것은 율곡의 기록이 잘못된 것이다. 이 글은 〈순전〉에 나오는 글이 아니라 〈대우모〉에 나온다. "홍수가 나를 경계했다."라는 말은 하늘이 홍수를 내려 나를 경계하도록 했다라는 의미다. 요임금 때 홍수가 났는데 순임금이 왕위를 계승한 뒤에도 홍수가 그치지 않았다. 그 때문에 순임금이 스스로 하늘이 자신을 경계한다고 말하면서 반성한 것이다.

◎ 한나라 선제(宣帝)의 조서에 이렇게 이른다. "내가 육예(六藝, 예절·음악·활쏘기·말타기·글쓰기·계산하기의 여섯 가지 재주)에 밝지 못해서 큰 도에 답답하며 음양과 풍우가 때에 맞지 않으니, 관리와 백성 가운데

몸을 닦아서 바르고 문학에 통달해서 선왕의 법도에 밝은 사람을 널리 천거하라."

-《전한서(前漢書)》

환난을 예방하라

◎ 주나라 성왕이 말했다. "옛날에 큰 도가 행해지던 시절에는 혼란하기 전에 다스림을 만들고, 위태롭지 않을 때에 나라를 보존했다."

-《서경·주서·주관(周官)》

◎ 《시경》에서 말했다. "하늘이 장맛비를 내리기 전에 저 뽕나무 뿌리를 캐어서 창문을 칭칭 감는다면 이제 너희 백성들이 감히 나를 업신여기겠는가?"

-《시경·빈풍(豳風)·치효(鴟鴞)》

✚ 장마가 오면 많은 비가 와서 강물이 넘치고 산사태가 발생하여 백성들이 혼란에 빠진다. 따라서 장맛비가 내리기 전에 미리 준비하여 환난을 방어해야 한다. 이렇게 유비무환의 정신이 있으면 백성들이 왕을 업신여기지 않을 것이다. 이 말을 《시경》에서는 새의 입을 빌려 백성들에게 전하는데 이는 하늘이 미리 경고하는 것을 말한다.

사람은 천지의 마음입니다. 임금이 선정(善政)을 행하여 화목한 기운이 위에 감응되면 아름답고 상서로운 일이 생기고, 그릇된 도를 행하여 잘못된 기운이 위에 감응되면 재앙이 일어날 것인데 하늘이 자신의 마음을 어찌 마음대로 하겠습니까? 모두 사람이 초래한 것일 뿐입니다. 다만 그 사이에 불변하는 것과 변하는 것이 있는데, 선함이 상서로움을 부르고 악함이 재앙을 부르는 것은 불변하는 이치입니다. 그런데 선함이 상서로움을 부르지 못하고 악함이 재앙을 부르지 않는 것은 운수가 변화된 것입니다. 성스럽고 어진 임금이 재앙으로 인해서 몸을 닦고 반성하면 재앙이 변해 상서로움이 되고, 용렬하고 어두운 임금이 재앙이 없기를 바란다면 도리어 재앙을 초래할 것입니다. 이것은 필연적인 대세입니다. 대저 진실을 가지고 하늘에 대응해야지 거짓으로 꾸며서는 안 됩니다.

　임금은 국가가 한가할 때에도 마땅히 미리 도덕 정치를 실현하고 환난을 막아 길이 다스리고 영원히 편안하게 할 계책을 세워야 하거늘 하물며 재앙이 발생해서 경계할 때야 말해 무엇 하겠습니까? 오래된 나라가 망한 자취는 서로 비슷하니 슬퍼할 일입니다. 아! 옛날부터 탕왕이 자책하자 큰비가 천 리나 내렸고(가뭄이 들어 탕왕이 자신을 제물로 바치는 제사를 하늘에 올리자 비가 내렸다고 함), 태무(太戊)가 선을 따르자 상서로운 뽕나무가 말라 죽었습니다(태무는 은나라 9대 왕인데 전대부터 정치가 어지러워 뽕나무가 궁궐을 에워쌀 정도로 기승을 부리자 재상인 이 책의 말을 따라 덕을 펴서 뽕나무가 말라 죽었다고 함). 이것은 진실한 마음으로 진실한 덕을 닦은 효과입니다. 엎드려 바라옵건대, 전하께서는 이것을 본받으시옵소서.

7. 입기강(立紀綱)-기강을 바로 세워라

6장에서는 위정의 근본과 위정의 기구에 대해서 논했습니다. 이 장 아래서는 위정하는 일에 대해 논하겠는데, 위정의 일은 기강을 세우는 것을 우선으로 삼는 것입니다.

기강을 세워야 한다

◎ 좋은 의사는 사람이 수척하거나 비대한 것을 보지 않고 맥으로 질병의 여부를 관찰하고, 천하를 잘 다스리는 사람은 천하의 안위(安危, 안전함과 위태로움)를 보지 않고 기강이 세워졌는지를 관찰한다.

-《창려문집》

기강을 세우는 근본은 사심이 없는 것이다

◎ 공자가 말했다. "하늘은 사사로이 덮는 것이 없고, 땅은 사사로이 싣는 것이 없으며, 해와 달은 사사로이 비추는 것이 없다. 이 세 가지를 받들어 천하에서 일을 해야 하는데, 이것을 세 가지 사사로움이 없는 것[삼무사(三無私)]이라고 한다."

-《예기》

상벌을 공정하게 하라

◎ 고요가 말했다. "하늘이 덕 있는 사람에게 명하시어 다섯 가지의

복식[오복(五服)]으로 다섯 가지 등급을 밝히시며, 하늘이 죄가 있는 사람을 정벌하시어 다섯 가지 형벌[오형(五刑)]로 다섯 가지 등급을 사용하여 징계하시니 정사에 힘쓰고 힘쓰소서."

－《서경·우서·고요모(皐陶謨)》, 고요가 순임금에게 고한 말

✥ 오복은 천자, 제후, 경대부, 사, 서민의 다섯 가지 신분을 나타내는 옷을 말한다. 오형은 다섯 가지 형벌로 궁형(宮刑, 죄인의 생식기를 없애는 형벌), 대벽(大辟, 죄인의 목을 베는 형벌), 비형(剕刑, 죄인의 발꿈치를 베는 형벌), 의형(劓刑, 죄인의 코를 베는 형벌), 그리고 경형(黥刑, 죄인의 이마나 팔뚝 등에 먹줄로 죄명을 써 넣는 형벌)을 말한다. 5라고 하는 숫자는 중국에서 가장 많이 사용하던 숫자로 오행(五行)·오방(五方)·오악(五嶽)·오곡(五穀)·오색(五色)·오미(五味)·오덕(五德)·오복(五福)·오상(五常)·오륜(五倫) 등의 쓰임이 있다. 고대로부터 5라는 숫자는 만물을 나타내는 기본적인 요소라고 생각했다.

◎ 공자가 말했다. "반드시 명(名, 이름 또는 명분)을 바로잡아야 한다. 명이 바르지 않으면 말이 순조롭지 못하고, 말이 순조롭지 않으면 일이 이루어지지 않는다. 일이 이루어지지 않으면 예악이 일어나지 않고, 예악이 일어나지 않으면 형벌이 맞지 않고, 형벌이 맞지 않으면 백성들이 손발을 둘 데가 없게 된다."　　　　　－《논어》

기강이란 국가의 원기(元氣, 근본을 이루는 힘)입니다. 기강이 서지 않으면 모든 일이 무너지고 원기가 확고하지 않으면 모든 뼈가 부서집니다. 오늘날 논의하는 사람들이 입만 열면 마땅히 기강을 세워야 한다고 말을 하지만 그 요령에 대해서는 듣지 못했습니다. 정치를 하면서 기강을 세우는 것은 마치 학자들이 의를 모아서 호연지기를 만드는 것과 같습니다. 어찌 하나의 명령이 정당함을 얻고 하나의 일이 마땅하다고 해서 갑자기 효과를 보겠습니까?

윗사람은 반드시 다스려야겠다는 의지가 없고, 아랫사람은 녹봉만 차지하려는 마음을 가지고 있으면 착한 사람을 보고도 등용하지 못하고 악한 사람을 보고도 물리치지 못할 것입니다. 또한 공이 있는 자에게 반드시 상을 주지 않고 죄가 있는 자에게 반드시 벌을 주지 않으며, 도학이 끊어지고 교화가 쇠퇴하며, 풍속이 무너져 오직 권세와 이익에만 따르면서 한갓 입으로만 간절하게 기강을 세우는 것이 마땅하다고 떠든다면, 고질병에 걸린 사람이 입으로만 좋은 약을 말하고 실제로는 먹지 않는 것과 무엇이 다르겠습니까?

반드시 임금이 먼저 의지를 정하여 학문을 바르게 하고 몸을 성실하게 하며, 명령을 내리고 일을 하는 것이 지극히 공정한 도리에서 나와야 합니다. 그리하여 아랫사람들로 하여금 모두 임금의 마음을 우러러보고 맑은 하늘의 햇살처럼 보고 느끼며 흥이 나서 일어나게 해야 합니다. 그런 다음에 어진 사람을 높이고 능력 있는 사람을 부리며, 간사한 사람을 내쫓고 사악한 사람을 제거해야 합니다. 또한 실적을 평가하여 상벌을 명확하게 하고, 일을 시행하고 처리하는 것이 하늘의 도리에 맞고 인심(人心)에 합당하게 해야 합니다. 그렇게 해서 온 세상을 크게 복종시킨다면 기강이 일으켜 세워지고 명령이 지켜지며 금지하는 것이 멈추어 천하의 일이 어느 곳에서든 뜻대로 되지 않음이 없을 것입니다.

이것이 요·순 두 임금과 우·탕·문무 세 왕이 사람의 마음을 감동시키고 세상의 도를 유지하여 수백 년이 흘러도 확고하여 허물어지지 않은 까닭입니다. 오늘날 법도가 행해지지 않고 정사가 완성되지 않는 것은 모두 기강이 확립되지 않은 데서 비롯된 것입니다. 엎드려 바라옵건대 전하께서는 기강을 일으켜 세우시옵소서.

8. 안민(安民)-백성을 편안하게 하라

기강이 확립되어 모든 관리들이 직분을 받든 뒤에 통치 기구가 비로소 넓혀지고 혜택이 백성들에게 입혀질 것입니다. 그러므로 다음에 안민 장을 두었습니다.

군주와 백성은 서로 필요한 존재다

◎ 순임금이 우왕에게 명했다. "사랑할 만한 것은 임금이 아니며 두려워할 만한 것은 백성이 아니겠는가? 백성은 임금이 아니면 누구를 떠받들며 임금은 백성이 아니면 더불어 나라를 지킬 수 없을 것이니, 네가 소유한 지위를 삼가서 원할 만한 것(하고자 하는 것이니 곧 선을 말한다.)을 공경히 닦아라. 세상이 어려워지면 하늘이 내린 벼슬이 영원히 끝날 것이다." —《서경·우서·대우모》

◎ 《서경》〈오자지가(五子之歌)〉에서 말했다. "황조(黃祖, 하나라를 세운 우왕)께서 교훈을 남기셨는데, 백성은 가깝게 할지언정 얕잡아 봐서는 안 된다. 백성은 오직 나라의 근본이니, 근본이 견고해야 나라가 편안한 것이다." —《서경·하서(夏書)》

백성을 사랑하는 도리

◎ 주나라 목(穆)왕이 말했다. "여름에는 무덥고 비가 내리는 것을 백성들이 원망하고, 겨울에 너무 추우면 백성들이 역시 원망한다. 백성들의 어려움을 생각해서 쉽게 해 줄 것을 도모하면 백성들이 편안해질 것이다."

—《서경·주서·군아(君牙)》, 목왕이 군아를 대사도로 임명하면서 한 말

◎ 맹자가 말했다. "늙어서 아내 없는 사람을 홀아비라 하고, 늙어서 남편 없는 사람을 과부라 하고, 늙어서 자식 없는 사람을 고독한

늙은이라 하고, 어리고 부모 없는 사람을 고아라고 한다. 이 네 부류의 사람들은 천하에서 가장 곤궁한 백성으로 하소연할 데도 없는 사람들이다. 문왕이 정치를 하면서 인을 베푸는데 반드시 이 네 부류의 사람들을 먼저 돌보았다. 《시경》에 이르기를, '부유한 사람들은 괜찮지만 이 고독한 사람들이 불쌍하구나.'라고 했다."

-《맹자》

백성을 두려워하라

◎ 소공이 성왕에게 고했다. "임금께서는 빨리 덕을 공경하소서. 크게 백성들을 조화롭게 하여 지금의 아름다움으로 삼으소서. 임금께서는 감히 뒤로 미루지 말고 백성들의 험난함을 돌아보고 두렵게 여기소서."

-《서경·주서·소고》

◎ 〈오자지가〉에서 말했다. "어리석은 남자나 어리석은 여자 한 명이 오히려 나보다 낫구나. 내가 백성들에게 임하며 두려워하기를 마치 썩은 고삐로 여섯 마리의 말을 몰 듯이 하는데, 백성의 윗사람으로 어찌 공경하지 않을 수 있겠는가?"

-《서경·하서》

입장을 바꾸어서 생각하라

◎ 충(忠, 자신의 마음을 다하는 것)과 서(恕, 자신을 미뤄서 남에게 미치는 것)는 도에서 벗어남이 멀지 않으니 자기에게 베풀어서 원하지 않는 것

은 또한 남에게도 베풀지 않는다.　　　　　　　　　　　－《중용》

◎ 맹자가 말했다. "걸(桀, 하나라의 마지막 임금)과 주(紂, 은나라의 마지막 임금)가 천하를 잃은 것은 그 백성을 잃었기 때문이요, 백성을 잃은 것은 그 마음을 잃었기 때문이다. 천하를 얻는 방법이 있는데, 그 백성을 얻으면 천하를 얻게 된다. 백성을 얻는 방법이 있는데, 그 마음을 얻으면 백성을 얻게 된다. 마음을 얻는 방법이 있는데, 원하는 것을 모아 주고 싫어하는 것을 베풀지 않는 것이다."　　　　　　－《맹자》

◎ 맹자가 말했다. "편안히 살게 해 줄 목적으로 백성을 부리면 비록 힘들어도 원망하지 않고, 살려 줄 목적으로 할 수 없이 백성을 죽이면 비록 죽임을 당해도 죽이는 사람을 원망하지 않는다."

　　　　　　　　　　　　　　　　　　　　　　－《맹자》

세금을 줄여라

◎ 문왕은 감히 유람과 사냥을 편하게 여기지 않고 여러 나라에서 바치는 정상적인 세금만을 받았다.　　　　　　－《서경·주서·무일》

◎ 대영지(戴盈之, 송나라의 대부)가 말했다. "10분의 1만 조세로 받고, 관문에서 받는 세금과 시장에서 받는 자릿세를 폐지하여 백성의 부담을 덜어 주고 싶습니다만 지금 당장은 불가능합니다. 청컨대 금년에는 세금을 줄여 주고 내년에 가서 폐지하면 어떻겠습니까?" 맹자가 말했다. "지금 어떤 사람이 매일 이웃집 닭을 훔치는

데 누군가가 그에게, '그것은 군자의 도리가 아니오.' 하고 일러 주었습니다. 그러자 '그러면 한 달에 한 마리씩 훔치다가 내년에 가서 그만두도록 하겠소.'라고 말했다면 어떻겠습니까? 만일 옳지 않다는 것을 알았으면 빨리 그만둘 것이지 어찌 내년까지 기다려야 하겠소?" ─《맹자》

부역을 가볍게 하라

◎ 〈왕제(王制)〉에 "백성의 힘을 동원하는 일은 1년에 3일을 넘지 않아야 한다."라고 했다. ─《예기》

◎ 흉년에는 부역도 시키지 않고 세금도 거두지 말아야 한다.
─《주례》

◎ 재물이 모두 떨어지면 원망하고, 힘이 다하면 한탄한다.
─《춘추 곡량전》

○ 진씨(眞氏, 송나라 때의 진덕수)가 말했다. "이런 것이 백성들이 갖는 보통의 마음이다. 그러므로 성스러운 임금은 세금을 줄여서 재물을 탕진하지 않고, 부역을 줄여서 백성들의 힘을 괴롭히지 않았다."

◎ 장공(莊公) 9년 겨울에 수수(洙水, 강 이름)를 팠다. ─《춘추·경문》
✤ 나라를 견고하게 하는 일은 백성을 잘 보존하는 데서 시작된다. 그런데 한겨울에 강을 파도록 부역을 시켜 백성들을 괴롭히는 행위를 하는 것은 백성을 보존하는 도리가 아니다. 후세의 사람들이 이 사실을

보고 경계하는 마음을 갖도록 《춘추》에 기록한 것이다.

형벌을 신중하게 하라

◎ 《주역》에서 말했다. "연못 위에 바람이 있는 것이 중부괘(中孚卦)다. 군자는 이 괘를 보고 옥사를 의논하며 사형을 늦춘다."

-《주역·중부괘·상사》

✤ 중부괘는 바람[☴] 아래에 연못[☱]이 있는 형상이다. 바람이 연못 위에서 불면 연못이 움직이는 모습을 나타내는 괘다. 이것은 군자의 마음이 백성의 마음을 움직이게 한다는 것을 뜻한다. 따라서 옥사를 의논하고 사형을 늦추는 것은 임금이 그 마음을 움직여 죄 있는 백성들에게 은혜를 베풀어야 인심을 얻는다는 것을 의미한다.

◎ 계강자(季康子, 노나라 대부)가 공자에게 정사에 대해 물었다. "만약 도가 없는 사람을 죽여서 도가 있는 데로 나아가게 한다면 어떻겠습니까?" 공자가 대답했다. "그대가 정치를 하면서 어찌 죽이는 일을 말하는가? 그대가 선을 하고자 하면 백성들도 선해질 것이다. 군자의 덕은 바람과 같고 소인의 덕은 풀과 같아서 풀 위에 바람이 불면 반드시 옆으로 눕게 되어 있는 것이다."   -《논어》

의로움과 이익을 분별하라

◎ 의로움이 이익을 이기면 잘 다스려지는 세상이 되고, 이익이 의로움을 이기면 어지러운 세상이 된다. 윗사람이 의로움을 중요하게 여기면 의로움이 이익을 이기고, 윗사람이 이익을 중요하게 여기면 이익이 의로움을 이긴다.

그러므로 천자는 많고 적음을 말하지 않고, 제후는 이로움과 해로움을 말하지 않으며, 대부는 득실을 말하지 않고, 선비는 재화를 욕심내지 않는다. 이것은 모두 이익만을 추구하는 것을 부끄럽게 여겨 백성들과 더불어 다투지 않는 것이니, 분배하고 베풀어주는 것을 즐거워하고 축적하고 저장하는 것을 부끄럽게 여긴 것이다. ―《순자(荀子)》

◎ 재물을 거둬 모으면 백성이 흩어지고, 재물이 흩어지면 백성이 모아진다. 어진 사람은 재물로써 몸을 일으키고, 어질지 못한 사람은 몸으로써 재물을 일으킨다. 윗사람이 인(仁)을 좋아하면 아랫사람이 의(義)를 좋아하지 않는 경우가 없다. 아랫사람이 의(義)를 좋아하는데 윗사람의 일이 제대로 끝맺어지지 못하는 경우가 없으며, 창고의 재물이 윗사람의 재물이 아닌 경우도 없다. ―《대학》

비용은 절약하고 재물은 생산하라

◎ 재물을 생산하는 데는 큰 도리가 있다. 생산하는 사람은 많고 먹는

사람이 적으며, 신속하게 만들고 천천히 쓰면 재물이 항상 풍족할
것이다. 　　　　　　　　　　　　　　　　　　　　 -《대학》

◎ 나라에 9년간 사용할 수 있는 저축이 없으면 부족하다고 말하고,
6년 동안 사용할 수 있는 저축이 없으면 급하다고 말하고, 3년 동
안 사용할 수 있는 저축이 없으면 나라가 나라답지 못하다고 말
한다. 3년을 농사지으면 반드시 1년 먹을 식량이 남아 있어야 하
고, 9년을 농사지으면 반드시 3년 먹을 식량이 남아 있어야 한다.
비록 가뭄이나 홍수가 있다 하더라도 백성들에게 굶주린 기색이
없어야 천자의 음식상에 좋은 반찬을 올리고 매일 음악을 연주할
수 있다. 　　　　　　　　　　　　　　　　　　　　 -《예기》

◎ 《주역》에서 말했다. "천지에는 절기가 있어서 사계절이 이루어지
니, 제도로써 절제하여 재물을 훼손하지 않게 하고 백성을 해치지
않게 한다." 　　　　　　　　　　　　 -《주역·절괘(節卦)·단사》

✤ 절괘는 물[☵] 아래에 연못[☱]이 있는 형상이다. 천지 자연에 절도
가 있기 때문에 사계절이 운행되는 것이다. 절도가 없으면 차례를 잃
게 된다. 성인이 제도를 만들어 절도 있게 한 까닭에 재물을 훼손하지
않고 백성을 해치지 않게 된 것이다. 사람의 욕심은 끝이 없으므로 제
도를 만들어 절제하게 하지 않으면 사치하고 낭비해서 재물도 훼손되
고 백성을 해치게 된다.

일정한 생업을 갖게 만들라

◎ 맹자가 말했다. "일정한 생업이 없이도 일정한 마음을 갖는 것은 오직 선비만이 할 수 있고, 일반 백성들은 일정한 생업이 없으면 일정한 마음을 가질 수 없습니다. 진실로 일정한 마음이 없으면 방탕하고 편벽되며 사악하고 사치하는 일을 하게 됩니다. 그러므로 죄에 빠뜨린 뒤에 쫓아가서 처벌한다면 이것은 백성들을 속이는 것입니다. 어찌 인자한 사람이 왕위에 있으면서 그물을 쳐서 백성을 잡는 일을 할 수 있겠습니까?

그러므로 밝은 임금은 백성들의 생업을 제정하되 반드시 위로는 부모를 섬기기에 충분하게 해 주고 아래로는 처자를 기르기에 충분하게 해 주어, 풍년에는 종신토록 배부르게 하고 흉년에는 죽음을 면하게 해 줍니다. 그런 뒤에 백성들을 이끌어 선한 길로 가게 하기 때문에 백성들이 따라가기 쉬운 것입니다.

지금은 백성들의 생업을 제정하되 반드시 위로는 부모를 섬기기에 부족하게 만들고 아래로는 처자를 기르기에 부족하게 하여, 풍년에도 종신토록 고생하게 하며 흉년에는 죽음을 면치 못하게 만듭니다. 이렇게 해서는 오직 죽는 것을 구제하기에도 힘이 부족할 텐데 어느 겨를에 예의를 가르치겠습니까?" ─《맹자》

◎ 《주역》에서 말했다. "하늘과 땅이 교접하는 것이 태괘(泰卦)다. 임금은 그것을 보고 천지의 도를 잘 이루고, 천지의 마땅함을 도와서

백성들을 돌보고 인도한다." —《주역·태괘·상사》

✢ 태괘는 땅[☷] 아래에 하늘[☰]이 있는 형상이다. 천지가 사귀어서 음양이 조화롭게 되면 만물이 무성하게 이루어진다. 임금은 마땅히 천지의 이런 모습을 잘 관찰해서 천지의 도를 이루고, 천지의 마땅한 도리를 도움으로써 백성을 잘 돌보고 인도해야 한다.

군대를 정비하라

◎ 《주역》에서 말했다. "땅 가운데 물이 있는 것이 사괘(師卦)다. 군자는 이것을 보고 백성을 포용하고 무리를 모은다." —《주역·사괘·상사》

✢ 사괘는 땅[☷] 아래에 물[☵]이 있는 형상이다. 사(師)는 군대 또는 무리를 의미한다. 물이 땅에서 나오듯 군대는 백성 가운데서 나오기 때문에 백성을 잘 기르면 무리를 얻을 수 있다는 의미다.

◎ 사는 바르니 장인(丈人)이라야 길하고 허물이 없을 것이다.

—《주역·사괘·단사》

○ 이에 대해 정자가 말했다. "사의 도는 바른 것을 근본으로 삼는다. 군대를 움직여 천하에 해독을 끼치고 바르게 행동하지 않으면 백성들이 따르지 않는다. 그리고 그 무리의 동원이 비록 바르다 해도 통솔자가 반드시 장인이라야 길하고 잘못됨이 없다. 장인이란 존엄한 사람을 말한다. 군사를 통솔하는 사람을 군사들이 존경하고 두려워해서 복종

하지 않는다면 어찌 인심이 쏠릴 수 있겠는가? 장인은 반드시 존경받고 존귀해야 하는 것은 아니다. 다만 그 재주와 계략, 그리고 덕이 무리들을 두려워하게 만들어 복종시키면 된다."

◎《시경》에서 말했다. "너의 거마(車馬, 수레와 말)와 궁시(弓矢, 활과 화살)와 병기들을 수선하고 전쟁이 일어날 것을 경계하여 먼 오랑캐에 대한 생각에까지 미칠지어다."　　　　　　　　　　－《시경·대아·억》

　임금은 나라에 의존하고 나라는 백성에게 의존하는 것입니다. 그러므로 임금은 백성을 하늘로 삼고 백성은 먹는 것을 하늘로 삼는 것입니다. 백성이 하늘로 여기는 것을 잃으면 나라는 의존할 데를 잃어버리는데, 이것은 불변의 진리입니다. 임금의 정치는 백성들의 부모가 되는 것을 마음으로 삼아 백성의 힘을 늦추어 주고, 백성의 생업을 두텁게 하여 식량을 넉넉하게 해 줘야 합니다. 그래야 백성들이 본연의 선한 마음을 보존할 수 있습니다.

　부모는 자식을 진심으로 사랑하여 자식의 즐거움을 이루어 주고 자식의 고통을 제거하는 데 지극 정성을 다하는 것입니다. 임금이 진실로 백성의 부모가 되는 것을 마음으로 삼는다면 한 명의 백성이 길을 잃더라도 모두 자기의 어린 자식이 우물 속에 빠지는 것처럼 여겨 정신없이 달려가서 있는 힘을 다해 그를 구원할 것입니다. 옛 성왕들은 자신의 직분이 백성들의 부모가 되는 것에 있다는 사실을 매우 잘 알고 있었습니다. 그러므로 근심 걱정에 젖어 밥 먹을 겨를도 없이 항상 백성을 생각했던 것입니다.

임금이 부모의 마음을 가지지 않기 때문에 백성들도 또한 사랑하는 마음이 없게 되는 것입니다. 게다가 굶주림과 추위가 몸에 절실하면 예의가 모두 사라져 임금 보기를 마치 사나운 짐승이나 원수처럼 여깁니다. 임금도 백성을 업신여기며 "아무도 나를 어찌할 수 없다."라고 생각하고 어둠 속에 위험이 도사리고 있어도 경계할 줄 모릅니다. 그러다가 하루아침에 생각하지도 않았던 변을 당하고 소홀하게 여기던 곳에서 근심이 생겨, 평범한 백성들이 모두 강력한 적군이 된 다음에 후회한다고 해도 소용이 없게 됩니다.

이른바 백성을 편안하게 한다는 것은 그들을 이롭게 해 주고 해악을 제거하여 삶을 즐겁게 해 주는 것을 말합니다. 백성들은 어리석으면서도 신령스러운 존재인데 어찌 입으로 속일 수 있겠습니까? 지금 백성들이 편안하지 못한 것은 전하께서도 알고 계실 것이옵니다. 그런데 알면서도 구제하지 않는다면 백성들의 원망이 더욱 심해질 것입니다. 엎드려 바라옵건대 전하께서는 은혜를 아름답게 베푸시옵소서.

9. 명교(明敎) - 교육을 널리 밝혀라

《예기》에 이르기를 "버려진 땅이 없고, 놀고먹는 백성이 없으며, 제때에 먹고 제때에 일하면 백성이 모두 편안하게 살 수 있다. 즐겨 일하고 공을 세우려고 힘쓰며 임금을 존경하고 윗사람을 친애하게 된 다음에 학교 교육을 일으킨다."라고 했습니다. 그러므로 먼저 부유하게 만들어 주고 그다음에 교육을 시키는 것은 당연한 이치입니다. 따라서 명교 장으로 끝을 맺었습니다.

교육을 일으켜라

◎ 공자가 말했다. "법제로 인도하며 형벌로 한결같이 다스리면 백성들이 형벌을 요행으로 피해도 부끄러움이 없게 된다. 덕으로 인도하고 예로써 다스린다라면 부끄러움도 알고 또한 바르게 될 것이다." ─《논어》

교육의 절차와 항목

◎ 순이 말했다. "설(契)아! 백성들이 서로 친목하지 않고, 오품(五品, 부자·군신·부부·장유·붕우의 다섯 가지 인륜)이 제대로 지켜지지 않으므로 너를 사도(司徒, 교육을 맡아 보던 벼슬 이름)로 삼으니, 공경하는 마음으로 오륜의 가르침을 펴되 너그럽게 하라." ─《서경·우서·순전》

◎ 사도(司徒)가 육례[六禮, 관례(冠禮)·혼례(婚禮)·상례(喪禮)·제례(祭禮)·향례
(鄕禮)·상견례(相見禮)]를 닦아서 백성의 성품을 절도 있게 하고, 칠교
(七敎, 부자·형제·부부·군신·장유·붕우·빈객)를 밝혀서 백성의 덕을 일으
키며, 팔정[八政, 음식·의복·사위(事爲, 장인들의 기술)·이별(異別, 지방에 따
라 서로 다른 용기의 구별)·도(度, 길이)·양(量, 말과 되)·수(數)·제(制, 베와 비단의
규격)]을 가지런하게 정비해서 사악한 것을 막고, 도덕을 한결같이
하여 풍속을 같게 한다. 노인을 봉양하여 효도를 이루게 하고, 고
독한 자를 구휼하여 부족한 것을 채워 주며, 어진 사람을 높여 덕
있는 사람을 공경하며, 불효하고 어리석은 사람을 가려서 악을
물리친다.   ─《예기》

학교를 일으켜라

◎ 옥은 다듬지 않으면 그릇을 만들 수 없고, 사람은 배우지 않으면
도를 알지 못한다. 군자가 만약 백성을 교화하여 풍속을 이루려
한다면 반드시 학문으로부터 시작해야 한다. 옛날의 교육 기관으
로 집안에는 숙(塾)이 있었고, 당(黨, 500개의 집으로 이루어진 고을)에는
상(庠)이 있으며, 주(州, 2,500개의 집으로 이루어진 고을)에는 서(序)가 있
었고 나라의 수도에는 학(學)이 있었다.   ─《예기》

◎ 악정(樂正, 교육을 맡은 벼슬)은 사술(四術, 시·서·예·악의 네 가지 기예)을 숭
상하고 사교(四敎, 앞에서 말한 4개의 학교)를 세우며, 선왕의 시·서·

예·악에 따라 선비를 가르쳐서 인재를 양성한다. 봄과 가을에는 예·악을 가르치고 여름과 겨울에는 시·서를 가르쳤다.

-《예기》

◎ 첫째는 육덕(六德)인데 지식[知]·어짊[仁]·성스러움[聖]·정의로움[義]·충성스러움[忠]·온화함[和]이다. 둘째는 육행(六行)인데 효성[孝]·우애[友]·화목[睦]·친족 간의 화목[婣]·책임[任]·없는 사람을 도와주는 것[恤]이다. 셋째는 육예(六藝)인데 예의[禮]·음악[樂]·활쏘기[射]·말타기[御]·글쓰기[書]·셈하기[數]다. -《주례》

○ 주자가 말했다. "육덕의 지는 시비를 분별하는 것이요, 인은 사욕이 없는 것이며, 성은 모든 것에 통달하는 것이요, 의는 정의로움을 말하는 것이요, 충은 자기 마음을 다하는 것이고, 화는 어그러지고 요란하지 않은 것이다. 육행의 효는 부모에게 효도하는 것이요, 우는 형제를 사랑하는 것이며, 목은 친족에게 화목하게 하는 것이요, 인은 외가의 친척과 화목한 것이며, 임은 벗에게 신임이 있는 것이요, 휼은 가난한 사람을 불쌍하게 여기는 것이다. 육예의 예는 인·의·예·지·신의 다섯 가지 예의를 말하고, 악은 고대 여섯 황제의 음악이며, 사는 다섯 가지 활 쏘는 기술을 말하고, 어는 다섯 가지 말 모는 기예이며, 서는 여섯 가지 글 쓰는 방법, 수는 아홉 가지 수학을 말한다."

◎ 《주역》에서 말했다. "위는 하늘이고 아래는 연못인 것이 이괘(履卦)다. 군자는 이것을 보고 상하를 분멸하여 백성의 마음을 안정시

킨다."

―《주역·이괘·상사》

✛ 이괘는 하늘[☰]이 위에 있고 연못[☱]이 아래에 있는 형상이다. 하늘은 강건한 것이며 연못은 부드러운 것이다. 따라서 윗자리에 있는 임금의 경험과 강건함을 아래에 있는 신하가 받아들여 조화를 이루는 것을 의미한다. 따라서 상하의 분별을 통해 백성을 안정시키는 것이다.

선악을 구분하여 풍속을 바르게 하라

◎ 《주역》에서 말했다. "산 위에 나무가 있는 것이 점괘(漸卦)다. 군자는 이것을 보고 어진 덕에 머물러 풍속을 착하게 한다."

―《주역·점괘·상사》

✛ 점괘는 바람[☴] 아래에 산[☶]이 있는 형상이다. 즉, 산 위에 나무가 있는 모습인데, 산의 나무가 차츰 성장하는 것을 말한다. 군자는 이렇게 커 올라가는 점괘의 상을 보고 착한 덕에 의해 풍속을 아름답게 만든다. 풍속을 바꾸는 것은 하루아침에 되는 것이 아니므로 착한 풍속은 서서히 바뀌는 것을 의미한다.

◎ 성왕이 군신에게 명령하여 말했다. "백성들이 태어날 때는 성품이 두텁지만 사물로 말미암아 바뀌게 된다. 윗사람이 명령하는 것을 어기고 저희들이 좋아하는 것을 따르려고 한다. 너희가 능히 떳떳

한 도를 공경하되 덕이 있게 하면 이에 변하지 않는 자가 없어 진실로 큰 도에 오르게 될 것이다." —《서경·주서·군진》

◎ 대사도는 향(鄉)의 팔형(八刑)을 가지고 백성을 바르게 한다. 첫째는 효성스럽지 못한 것을 형벌하는 것, 둘째는 화목하지 않은 것을 형벌하는 것, 셋째는 혼인하지 않은 것을 형벌하는 것, 넷째는 공손하지 못한 것을 형벌하는 것, 다섯째는 책임지지 않는 것을 형벌하는 것, 여섯째는 구휼하지 않는 것을 형벌하는 것, 일곱째는 말을 만들어 내는 것을 형벌하는 것, 여덟째는 백성을 혼란하게 하는 것을 형벌하는 것이다. —《주례》

◎ 《주역》에서 말했다. "나 자신의 삶을 관찰할 것이니 군자다우면 허물이 없을 것이다." —《주역·관괘(觀卦)·효사》

✢ 관괘는 바람[☴] 아래에 땅[☷]이 있는 형상이다. 관괘의 다섯 번째 자리는 임금의 자리다. 이것은 세상의 풍속이 모두 임금에게 달려 있음을 살펴보는 것을 뜻한다. 천하가 아름다운 풍속을 지녔다면 아무 탈이 없을 것이지만, 만약 천하의 풍속이 도에 합당하지 않다면 임금이 행한 정치가 착하지 않은 것을 의미하므로 해가 있게 된다는 의미다.

제사를 바르게 지내라

◎ 천자는 천지에 제사 지내고, 제후는 사직(社稷)에 제사 지내며, 대부

는 오사(五祀)에 제사 지낸다. 천자는 천하의 명산(名山)과 대천(大川)에 제사 지내고, 제후는 자기 지역에 있는 산천에 제사 지낸다.

-《예기》

✤ 사직은 곡물신과 토지신을 말하는데 나중에는 국가를 나타내는 말이 되었다. 오사는 나라를 위하여 드리는 다섯 가지 제사를 말하는데, 사명(司命), 중류(中霤), 국문(國門), 국행(國行), 공려(公厲)가 그것이다. 천자와 제후, 대부가 각각 제사 지내는 대상과 역할이 다름을 나타내고 있다.

◎ 공자가 말했다. "자기의 귀신이 아닌데 제사 지내는 것은 아첨하는 것이다."　　　　　　　　　　　　　　　　　　　　　　　-《논어》
◎ 《시경》에서 말했다. "즐거운 군자(주나라 문왕을 말함)는 복을 구하는 데 사악하지 않구나."　　　　　　　　　　-《시경·대아·한록(旱麓)》

하늘이 백성을 낳을 때에 사목(司牧)을 세웠는데, 사목은 실제로 군주와 스승의 일을 겸했습니다. 목자(牧者)로서 백성을 기르고, 군주로서 백성을 다스리며, 스승으로서 백성을 가르치는 것입니다. 그런 다음에 백성들이 편안한 삶을 누리고 나쁜 것을 고치고 선을 일으킬 수 있습니다. 삼대 이전에는 세 가지 역할이 각각 도리를 극진하게 했기 때문에 정사가 완성되고 교화가 행해졌으며, 다스림이 제대로 이루어지고 풍속이 아름다웠습니다. 후세로 내려오면서 도학이 행해지지 않고 임금은 스스로 실천하지 않았기 때문에 사방이 바르게 다스려지지 않고 결국 법령에 의지해서 세상을 지탱하게 되었습니다.

옛 도가 행해지지 않은 지 오래되었습니다. 옛 도라는 것은 산을 옆에 끼고 바다를 건너뛰는 일이나 허공을 뛰어넘는 것과 같은 일을 말하는 것이 아닙니다. 다만 부모와 자식이 서로 사랑을 다하고, 임금과 신하가 의리를 다하며, 부부가 자기 역할을 서로 다하고, 어른과 아이가 서로 예의를 다하며, 친구가 서로 믿음을 다하는 것을 말하는 것입니다. 이것은 모두 천성에 근거하여 아름다운 덕으로 드러난 것이지 본래 행하기 어려운 것이 아닙니다. 옛 도라고 해서 어찌 오늘날 시행할 수 없겠습니까? 엎드려 바라옵건대 전하께서는 더욱 힘을 쓰시옵소서.

10. 위정공효(爲政功效) – 올바른 정치의 효과

임금이 가르치고 길러 주는 도리를 극진하게 하면 반드시 바람이 움직이는 것 같은 교화가 생겨나 그 영향이 만세까지 미칠 것입니다. 그러므로 여기에 그 효과에 대해 밝혔습니다.

인(仁)의 효과

◎ 큰 도가 행해지면 천하를 공적인 것으로 여겨 어질고 능력 있는 사람을 뽑아 신의를 익히고 화목함을 닦는다. 그러므로 사람들은 유독 자기 부모만을 부모로 여기지 않고, 자기 자식만을 자식으로 여기지 않는다. 늙은 사람은 생애를 마칠 곳이 있고, 젊은 사람은 쓰일 곳이 있으며, 어린 사람은 자랄 곳이 있고, 홀아비와 과부와 고아와 독신 그리고 병든 불구자도 모두 기르는 곳이 있게 된다. 그러므로 간사한 꾀는 닫히고 일어나지 않으며 도둑이 사라져 바깥문을 닫지 않게 된다. 이것을 모두가 더불어 하나가 되는 대동(大同)이라고 한다. ─《예기》

◎ 맹자가 말했다. "패자(覇者)의 백성들은 밖으로 기쁨에 차 있는 것 같고, 왕자(王者)의 백성들은 마음으로 즐거워하는 듯하다. 왕자의 백성들은 죽여도 원망하지 않고, 이롭게 해 주어도 공으로 여기지 않으며, 백성들이 날마다 선으로 옮겨 가면서도 누가 그렇게 시키는지를 알지 못한다. 군자가 지나가는 곳은 모두 교화가 되고, 머물러 있는 곳은 신성하게 되어 상하가 천지와 더불어 흐름을 같이 하는데, 어찌 조그만 혜택을 베푼다고 하겠는가?" ─《맹자》

덕은 천심에 들어맞는다

◎ 《시경》에서 말했다. "아름답고 즐거운 군자여, 아름다운 덕이 밝게 드러났네. 백성과 관리들에게 마땅하게 하시어 하늘에서 복을 받

았다네. 하늘이 보호하고 돕고 명을 내리시니 하늘로부터 거듭 복을 받으시도다." —《시경·대아·가락》

◎《시경》에서 말했다. "문왕의 신령이 위에 있어 아아, 하늘에 밝게 계시니, 주나라가 비록 오래된 나라지만 천명은 오직 새롭구나."

—《시경·대아·문왕(文王)》

✢《시경》의 두 편을 인용하여 왕의 밝은 덕을 칭송한 것이다. 〈가락〉 편에서는 왕이 신하와 백성들에게 덕을 베풀자 하늘이 왕에게 복을 내리고 계속 왕을 돕는다는 것을 말한 것이다. 〈문왕〉편에서는 문왕이 돌아가시고 하늘에 계신데 문왕의 아들 무왕이 은나라를 멸망시키고 주나라를 건립한 것을 두고 천명이 비로소 주나라에 새롭게 주어졌음을 말한 것이다. 주나라는 이미 오래전부터 있었지만 하늘로부터 명을 받아 새롭게 거듭난다[유신(維新)]는 것을 노래한 것이다.

은덕이 후세에 내려가는 효과에 대한 말

◎《시경》에서 말했다. "견줄 데 없는 어진 사람을 사방에서 교훈으로 삼으며, 밝게 드러난 그 덕을 모든 제후들이 본받으니, 아, 전왕을 잊지 못하리라." —《시경·주송·열문(烈文)》

✢〈열문〉편은 성왕(成王)이 정사를 직접 다스리자 제후들이 제사를 도운 것을 읊은 시다. 열문이란 공덕을 드러낸다는 의미다. 여기서 말하는 전왕은 문왕과 무왕을 뜻하지만 이전의 어진 임금이라고 해도 무방

하다. 문왕과 무왕같이 어진 사람들이 덕과 공적을 쌓아 백성들이 본받고 잊을 수 없다고 말한 것이다.

◎ 군자는 문왕과 무왕의 어진 것을 자신의 어진 것으로 여기고, 문왕과 무왕이 친하게 여긴 것을 자신도 친한 것으로 여긴다. 그러나 소인은 문왕과 무왕의 즐거움을 자신의 즐거움으로 여기고, 문왕과 무왕의 이로움을 자신의 이로움으로 여긴다. 이 때문에 문왕과 무왕이 세상을 떠났어도 잊지 못하는 것이다. —《대학》

위정의 효과는 인(仁)이 천하에 미치고 그 은덕과 혜택이 후세까지 흐르는 데 있으니, 성인이 할 수 있는 일도 이것에 더할 것이 없습니다. 그러므로 너무 높고 너무 멀어서 거의 미칠 수 없다고 말하는 것입니다. 비록 그렇다고 할지라도 몸소 실천하는 것을 근본으로 삼고 점차 순서에 따라 나아간다면, 마치 걸어가는 사람이 뒤로 물러나지 않으면 반드시 집에 도달하고, 밥을 먹는 사람이 멈추지 않으면 반드시 배부름에 도달하는 것과 같습니다.

임금의 병폐는 두 가지가 있습니다. 하나는 많은 욕망에 끌려 왕도 정치를 행하지 못하는 것이요, 다른 하나는 세속의 악습에 빠져 왕도 정치를 행하지 못하는 것입니다. 많은 욕망에 끌린 사람은 시비의 공정함이 항상 사사로운 이해(利害)에 가려지고, 세속의 악습에 빠진 사람은 성현의 말이 항상 저속한 말에 막히게 됩니다. 후세에 바르게 다스려지는 시대가 항상 적은 것은 바로 이러한 이유 때문입니다.

만약 기강이 제대로 서고 선비들의 풍속이 바르며, 재상이 나라를 잘 다스리고 백관들이 책임 맡은 일을 잘 처리하며, 백성들이 잘 쉬고 있다면 이것은 거의 왕도 정치에 가깝습니다. 한번 변하면 도에 이를 수 있는데 어찌 옛 도를 회복할 수 없겠습니까? 만약 기강이 무너지고 선비들의 풍속이 구차하며, 재상들은 자리만 지키고 백관들은 시무를 게을리하며, 백성들이 병들어 있다면 이것은 장차 나라가 망할 징조입니다.

예로부터 도가 없는 나라는 착한 사람을 용납하지 못합니다. 그러므로 신하가 선을 행하다가 죽임을 당하는 경우는 있었지만 아직까지 임금이 도를 행하다가 재앙을 당했다는 말은 듣지 못했습니다. 기강을 확립하고 선비들의 악습을 바로잡으며, 재상에게 일을 맡기고 백공(百工, 모든 기술자)을 빛나게 하며, 서민을 편안하게 하여 선왕의 도를 따른다면 어찌 재앙을 당할 수 있겠습니까? 단지 생각하지 않기 때문에 병폐가 생기는 것입니다.

어떤 사람이 "정치를 할 때는 반드시 선왕을 따라야 하는데 임금이 몸소 실천하는데도 오히려 덕을 완성하지 못한다면 어떻게 하겠습니까?"라고 질문했습니다. 그래서 제가 대답하기를 "수신을 치국보다 앞에 둔 것은 단지 순서가 마땅히 그렇다는 것을 말한 것일 뿐이다. 만약 반드시 수신이 지극해진 다음에 정치를 할 수 있다고 한다면, 진실한 덕을 완성하기 전에는 장차 국가를 어디에 두겠는가?"라고 했습니다.

엎드려 바라옵건대, 전하께서는 하늘의 명을 두렵게 여기시고 부모의 책임과 백년 사직의 막중함을 생각하며, 도탄에 빠져 고통을 당하는 어린 백성을 불쌍하게 여기셔야 합니다. 또한 어진 마음을 넓혀 어진 정사를 시행하시고, 널리 백성을 구제하여 예악을 빛나게 일으키며, 세상의 도를 일신(一新)하여 삼황 오제의 융성함을 다시 기약하셔야 합니다. 그리하여 조상들의 업적을 빛내시고 자손들에게 모범을 보이신다면 천만 다행일 것이옵니다.

제5편

성현도통(聖賢道統)_도를 전하는 성현의 계통

제5편
성현도통(聖賢道統) - 도를 전하는 성현의 계통

제5편은 《성학집요》의 결론과 같은 역할을 하는 곳이다. 즉, 앞 편에서 언급한 자신을 닦는 수기와 집안을 바르게 하는 정가, 나라를 다스리는 위정은 성현에 의해서 도가 전수되고 계승된다는 것을 설명하며 마무리를 짓는다.

도통이란 성인의 도가 전수되어 온 맥을 말한다. 도통설은 당나라 한유(韓愈)의 〈원도(原道)〉에서 시작된다. 한유는 그곳에서 요·순·우·탕·문무·주공·공자·맹자로 유가의 도가 전수되었다고 주장하고 있다. 한편 주자는 공자 다음에 증자와 자사를 첨가하고 그들로부터 맹자로 계승되었으며, 특히 송나라 때의 이정으로 전해졌다고 보았다.

우리나라에서도 이규경이 정몽주·길재·김숙자·김종직·김굉필·정여창·조광조·이언적·이황·이이·성혼·김장생·송시열·송준길·권상하·윤봉구로 이어진다고 설명하고 있다.

중국이나 우리나라를 막론하고 도통을 계승한 성현들은 수기치인의 도를 닦아 전인적 인격을 갖추어 선비의 도리를 실천한 인물들이었다.

상고 시대의 성인들이 하늘의 도리를 계승하고 인간의 도리를 세웠으니 도를 전수하는 계통이 여기서 비롯되었습니다. 문자가 만들어지기 이전에는 너무 멀어 참고할 수가 없고, 팔괘가 처음 만들어져 사람의 글월이 처음 일어났습니다. 그러므로 삼가 가르침에 의지하고 사적을 열람하여 대략 여기에 서술했습니다. 복희에서 주자에 이르기까지 수기와 치인의 실질적인 자취를 드러냈으니 먼저 효과를 살피고 뒤에 실질적 자취를 살펴보면 따르는 것에 어둡지 않을 것입니다.

복희씨에서 주공까지의 도통

◎ 옛날 포희씨(包犧氏)가 천하를 다스릴 때에 우러러 하늘의 형상을 관찰하고 굽어 땅의 법도를 관찰하며, 새와 짐승의 무늬와 땅의 마땅함을 관찰하고 가까이는 자신에게서 취하고 멀리는 물건에서 취했다. 여기서 비로소 팔괘를 만들어 신명의 덕과 통하고, 만물의 실정을 분류했다.

　포희씨가 돌아가자 신농씨(神農氏)가 일어나서 나무를 깎아 쟁기를 만들고, 나무를 휘어 쟁기자루를 만들어서 쟁기와 호미의 이로움으로 천하를 가르쳤다. 신농씨가 돌아가고 황제와 요임금·순임금이 일어나서 그 변화를 통하여 백성들로 하여금 게으르지 않게 하며, 신묘하게 교화해서 백성으로 하여금 그 있어야 할 자리에 있게 했다. 황제와 요임금·순임금이 옷을 길게 늘어뜨리고 있어도 천하가 잘 다스려졌다.　　　　　　　　　　　　　　　 －《주역·계사전》

✢ 중국 고대에 처음으로 백성에게 고기잡이와 목축 등을 가르치고, 팔괘와 문자를 만들었다고 하는 인물이 복희씨(伏羲氏)다. 복희씨가 짐승을 잡아서 제사에 사용하는데 포주(包廚, 희생을 요리하는 우두머리)를 만들었기 때문에 포희씨라고도 한다. 염제(炎帝) 때에는 쟁기와 보습을 만들어 백성들을 가르쳤는데 그를 신농씨라고 한다.

◎ 공자가 말했다. "위대하도다, 요의 임금 되심이여, 높고 크도다! 오직 하늘만이 위대한데 요임금께서 그것을 본받으셨으니 넓고 넓어서 백성들이 그것을 형용하지 못하는구나. 높고 크도다, 그가 이룩한 공적이여! 빛나도다, 그 문장이여!"　　　　　　　 －《논어》

◎ 요임금이 말했다. "아! 그대 순이여. 하늘의 운세가 그대의 몸에 있으니 진실로 중용을 잡아라. 사해(천하의 백성을 말함)가 곤궁하게 되면 하늘이 내린 벼슬은 영원히 끝날 것이다."　　　　　　　 －《논어》

◎ 순임금이 우왕에게 명하여 말했다. "땅을 다스려 하늘의 뜻을 이룩하고 육부(六府)와 삼사(三事)를 진실로 잘 다스려 만세가 영원히 힘을 갖춘 것은 그대의 공로다. 인심은 오직 위태롭고 도심은 숨어서 미세하니 정밀하게 하고 한결같이 해야 진실로 그 중용의 도를 잡

을 것이다."

―《서경·우서·대우모》

✢ 〈대우모〉편은 우가 순임금의 신하로 있을 당시에 순임금에게 올린 계책을 말한다. '대우(大禹)'는 우를 높여서 칭한 말이다. 육부는 수화금 목토곡(水火金木土穀)으로 백성들의 생활필수품이고, 삼사는 정덕(正德)·이용(利用)·후생(厚生)으로 나라를 다스리는 세 가지 일을 말한다. 인심 은 악에 물들 수 있으니 항상 조심하고 경계하며, 도심은 겉으로 드러 나지 않아서 보기가 어려우니 정밀하게 관찰해야 한다. 그러면 중용의 도를 갖추게 된다.

◎ 탕왕이 크게 만방의 백성들에게 고했다. "너희가 착하면 내가 감히 감추지 않을 것이요, 죄가 나의 몸에 있다면 감히 스스로 용서하지 않을 것이다. 이것을 보는 것은 상제의 마음에 달려 있다. 너희 백 성들에게 죄가 있으면 그 책임은 나 한 사람에게 있으나, 나 한 사 람에게 죄가 있다면 너희 백성에게는 책임이 없다."

―《서경·상서·탕고》

✢ 〈탕고〉편은 은나라를 세운 탕왕이 하나라의 마지막 왕인 걸왕을 내 쫓고 모든 신하들에게 걸왕을 내친 이유와 왕위에 오른 자기의 소신을 천하에 고한 것이다. 탕왕은 백성들의 착한 모습은 널리 알리고 자신의 죄는 엄격하게 물을 것이라고 말했다. 그리고 잘못된 일이 있을 때는 모두 자신의 책임으로 돌리지 백성에게 책임을 묻지 않겠다고 했다.

◎ 《시경》에서 "덕이 그윽하신 문왕이여. 아! 계속 빛나시며 공경하게 머무셨네."라고 했는데, 문왕께서는 남의 임금이 되어서는 인(仁)에 머물고, 남의 신하가 되어서는 공경함에 머물고, 남의 아들이 되어서는 효도에 머물고, 남의 아버지가 되어서는 자애로움에 머물고, 나라의 사람들과 사귈 때에는 믿음에 머물렀다. ―《대학》

◎ "무왕이 문왕의 왕업을 계승하여, 한번 전투복을 입어 천하를 평정했다. 그러나 몸은 천하의 훌륭한 명성을 잃지 않으셨다."

―《중용》, 공자의 말

◎ 맹자가 말했다. "우왕은 맛있는 술을 싫어하고 선한 말을 좋아했다. 탕왕은 중용을 지키고 어진 이를 등용해 쓰는 데 신분을 따지지 않았다. 문왕은 백성 보기를 다친 사람 대하듯이 했고, 도를 갈망하되 못 본 것을 보고 싶어 못 견디는 것같이 했다. 무왕은 가까운 사람을 너무 친밀하게 대하지 않았고, 먼 데 있는 사람을 잊지 않았다. 주공은 3대에 걸친 임금들(우왕·탕왕·문무왕)의 미덕을 겸하려고 생각했다. 그리하여 그들이 행한 네 가지 일을 시행했는데, 그것이 당시 사회에 맞지 않는 것이 있으면 밤낮으로 하늘을 우러러 보며 생각하여, 다행히 터득하게 되면 앉아서 그것을 바로 실천하려고 날이 새기를 기다렸다." ―《맹자》

도의 집대성자 공자

◎ 공자가 말했다. "나는 15세에 학문에 뜻을 두었고, 30세에 스스로 섰고, 40세에는 의혹에 사로잡히지 않았고, 50세에 천명을 알았고, 60세에는 귀로 들으면 순순히 이해되었으며, 70세에는 마음이 하고 싶은 것을 따라서 해도 법도를 벗어나지 않았다."　　　－《논어》

◎ 중니(仲尼, 공자)는 요임금과 순임금을 으뜸으로 삼아 계승하시고 문왕과 무왕을 본받아서 밝히셨으며, 위로는 천시(天時)를 따르고 아래로는 물과 흙의 이치를 본받으셨다. 비유하면 하늘과 땅이 붙들어 실어 주지 않음이 없고 덮어서 감싸 주지 않음이 없는 것과 같으며, 비유하자면 사계절이 교대로 운행하는 것과 같고 해와 달이 교대로 밝아지는 것과 같은 것이다. 만물은 함께 길러져도 서로 해치지 않으며, 도는 함께 행하여져도 서로 어긋나지 않는다. 작은 덕은 냇물처럼 흐르고 큰 덕은 조화를 두터이 하니, 이것이 천지가 위대하게 되는 까닭이다.　　　－《중용》

◎ 자공이 말했다. "선생님(공자)께서 나라를 얻으신다면 이른바 세우면 그 자리에 서고, 이끌면 거기에 따르고, 편안하게 해 주면 다가오고, 고무시키면 이에 화락하게 되어, 살아 계시면 사람들이 영광스럽게 여기고, 돌아가시면 매우 슬퍼할 것이다."　　　－《논어》

◎ "그분의 예법을 보면 그분의 정치를 알게 되고, 그분의 음악을 들으면 그분의 덕을 알게 되는데, 백 대 후에 백 대의 왕들과 견주어

봐도 틀림이 없으니, 인류가 생긴 이래로 선생님(공자) 같은 분이 있
지 않았다." — 《맹자》, 자공의 말

도통의 단절

◎ 안연이 탄식하며 말했다. "우러러볼수록 더욱 높고, 뚫으면 뚫을수
록 더욱 단단하고, 바라볼 때는 앞에 있는 것 같았는데 홀연히 뒤
에 계시는구나. 선생님께서는 차근차근하게 사람을 잘 이끌어 주
시고, 글로 나를 넓혀 주시고 예로 행동을 정리하게 해 주셨다. 그
만두고 싶어도 그만둘 수 없어서 이미 나의 재주를 다하니 마치 우
뚝 내 앞에 서 있는 것 같다. 비록 그를 따르고자 하지만 어디서부
터 시작해야 할지 모르겠다." — 《논어》

◎ 안연이 나라를 다스리는 것에 대하여 질문을 하자, 공자가 대답
했다. "하나라의 달력을 사용하며, 은나라의 수레를 타고, 주나라
의 면관을 쓰고, 음악은 순임금의 소무를 연주한다. 정나라의 음악
을 추방하고 말 잘하는 사람을 멀리해야 하는데, 정나라의 음악은
음란하고 말 잘하는 사람은 위험하기 때문이다." — 《논어》

✤ 하·은·주 삼대 가운데서 가장 좋은 것만을 취한다는 의미다. 하나
라에서 사용하는 달력이 시기에 가장 적절하고, 은나라의 수레는 지나
치게 화려하지 않아 좋고, 머리에 쓰는 관은 주나라 때에 비로소 제도
가 정착되었으므로 그것을 사용하는 것이 좋다고 생각한 것이다. 음악

은 순임금의 음악이 선과 미를 다했다고 여겼고, 정나라 음악은 음란해서 멀리한 것이다. 또한 말을 잘하는 사람은 진실함이 없기 때문에 물리친 것이다.

◎ 안연이 죽자 공자가 말했다. "아! 하늘이 나를 버리셨구나, 하늘이 나를 버리셨구나." — 《논어》

◎ 증자가 말했다. "나는 날마다 내 자신을 세 가지로 반성한다. 남을 위해 일을 도모할 때 진심을 다하지 않았던가? 친구와 더불어 사귈 때 믿음을 주지 못했던가? 스승에게 전수받은 것을 익히지 않았던가?" — 《논어》

◎ 공자가 말하기를 "증삼아! 내 도는 일관되어 있느니라."라고 하자, 증자가 "예." 하고 대답했다. 공자가 나가자 문인들이 "무엇을 말씀하신 것입니까?"라고 묻자, 증자가 말하기를 "선생님의 도는 충서일 뿐이다."라고 했다. — 《논어》

◎ 자사(子思, 공자의 손자)는 증자에게 배워 《중용》을 지었다. — 《사기》

　✚ 도통의 전수를 나타내기 위한 문장이다. 공자의 도통이 제자인 증자에게 전해지고, 증자의 학문이 공자의 손자인 자사에게 전해졌다고 말한 것이다. 자사는 《중용》을 지었다. 자사의 학문은 맹자로 계승된다.

◎ "옛날에 우가 홍수를 막아서 천하가 태평해졌고, 주공이 이적(夷 狄, 주변의 이민족)을 병합하고 맹수를 몰아내서 백성들이 편안해졌 고, 공자께서 《춘추》를 완성시켜서 난신적자들이 두려워하게 되 었느니라. 내 또한 인심을 바로잡고 괴이한 학설을 방지하고 부 정한 행위를 막고 음란한 말을 몰아내서 세 분 성인을 계승하려 한다." —《맹자》

끊어진 도통이 주렴계에 와서 이어지다

◎ 도가 끊어진 지 천 년이 지나자 성인도 멀어지고 성인의 말도 사 라졌다. 선각자가 있지 않았다면 누가 우리를 깨우쳐 주었겠는가? 글은 말을 다 나타낼 수 없고, 그림은 뜻을 다 나타낼 수 없다. 세 월은 끝이 없고 뜰 앞의 풀은 서로 푸름을 자랑하는구나.

—주자가 지은 주렴계의 화상찬

✤ 이 글은 주자가 주돈이 즉, 주렴계에 대해서 칭송한 글이다. 주렴계 는 《태극도설》을 지어 송대 성리학의 시초를 열었으며 단절된 유학의 도통을 이어 나간 인물이다.

◎ 하남 정씨 두 선생이 맹자의 도통을 이었다.

—주자의 《대학·서문》

✤ 정씨 형제는 정호와 정이를 말한다. 일반적으로 호를 사용해서 정

명도와 정이천으로 알려져 있다. 이 가운데 정이천의 학문은 특히 주자의 학문에 결정적 역할을 한 것으로 알려져 있다.

◎ 어렸을 때는 손자와 오기와 같은 병법서에서 벗어나고, 만년에는 불교와 도가에서 몸을 피했다. 용감하게 노자와 불가의 사상에서 벗어나 한번 변해서 도에 이르렀다. 정밀하게 생각하고 힘껏 실천하며, 신묘하게 깨달은 것을 빨리 표현했다. 어리석음을 고치려고 지은 〈서명〉의 가르침이 우리에게 넓은 경지를 보여 주었다.

－주자가 지은 장횡거의 화상찬

✥ 이 글은 주자가 장횡거에 대해 칭송한 말이다. 〈서명〉은 유학의 우주론을 그림으로 그리고 그에 대해 붙인 글이다. 정호와 정이가 그의 문하에서 배웠다.

◎ 이방자(李方子)가 주자를 칭찬하여 말했다. "공자와 맹자 이후 널리 글을 배우고 예로 정리하면서 모두 극진한 곳에 이른 사람은 오직 선생 한 사람뿐이다." －《이락연원록》

✥ 《이락연원록》은 중국 남송(南宋) 때 주희가 저술한 책이다. 북송(北宋)의 주돈이·정호·정이·소옹(邵雍) 등의 교우와 문인(門人) 등 도합 47명의 전기·언행·일화(逸話) 등을 실었다. 이락은 이수(伊水)와 락수(洛水) 근처를 말한다. 즉 낙양 사람인 이정을 가리키기 때문에 이 책은 이정을 중

심으로 도학(道學)의 근원을 제시한 책이라고 할 수 있다. 다만 원고가 주희의 문인들에 의해 무단으로 출판되었고 주희 자신으로서는 본의가 아니었기 때문에 개정(改訂)을 원했으나 뜻을 이루지 못했다고 한다. 주자의 문인 이방자가 공자와 맹자 이후 가장 훌륭한 인물로 주자를 칭송한 것이다.

◎ 공자 이후 증자와 자사가 미세한 부분까지 계승했는데 맹자에 이르러 비로소 환하게 드러났다. 맹자 이후에 주렴계·정명도·정이천·장횡거가 끊어진 학통을 이었는데, 선생에 이르러 비로소 환하게 드러났다.   –〈주자 행장〉 중에서

✤ 유학의 도통에 대해서 간략하게 정리하고 계통을 설명하면서 주자에 이르러 성리학이 완성되었음을 밝힌 글이다. 공자·증자·자사·맹자·주렴계·장횡거·정명도·정이천으로 계승된 도통이 주자로 계승되었음을 말한 것이다. 주자는 성리학을 집대성했다.

가만히 생각해 보니 처음 백성들에게 풍속이 열리기 시작할 때는 한곳에 모여 살면서 생식(生食)을 했습니다. 살아가는 이치가 갖추어지지 않아 머리를 풀고 발가벗은 채 살았으며, 문화도 구비되지 않아 무리 지어 살면서도 임금이 없었고, 이빨로 물어뜯고 손톱으로 움켜쥐며 살았습니다. 그런데 소박함이 사라지고 장차 큰 혼란이 발생하

236

려 할 때 성인이 많은 것들 가운데 우뚝 솟아 총명함과 지혜로움으로 인간의 본성을 온전하게 했습니다. 그러자 많은 백성이 자연스럽게 돌아오게 되었습니다.

백성들은 분쟁이 있으면 해결해 주기를 바라고, 의문이 있으면 가르쳐 주기를 요구하며 성인을 받들어 임금으로 삼았습니다. 민심이 향하는 곳에 천명이 있습니다. 이에 성인은 백성들이 돌아올 것을 스스로 알고 임금이나 스승의 직책을 자신의 소임으로 여기지 않을 수 없었기 때문에 천시(天時)에 순응하고 지리(地理)에 의거하여 낳고 기르는 도구를 만들었습니다. 이에 궁궐과 의복, 음식과 그릇이 점차 갖추어지고 백성들이 필요로 하는 것을 얻어서 즐겁게 살고 편안하게 일하게 되었습니다. 또한 편안하게 거처하면서 가르침이 없으면 금수와 가까워지는 것을 생각하여 인심에 따르고 천리에 근본을 둔 교화의 제도를 만들었습니다. 이에 부자·군신·부부·장유·붕우가 각각 마땅한 도리를 얻게 되어 하늘의 질서가 밝아지고 시행되었습니다.

또한 시대에 따라서 제도를 합당하게 하고, 현명하고 어리석음에 따라서 다스리는 방법을 고려하며, 사람의 마음을 절제하고 일을 헤아려 줄이고 늘이는 제도를 만들었습니다. 그러자 외관과 내용, 정사와 명령, 벼슬과 상벌이 각각 마땅하게 되었습니다. 그리하여 지나친 것은 억제하고 부족한 것은 늘리며, 착한 사람은 일으키고 악한 사람은 징계하여 마침내 대동사회(大同社會)로 돌아왔습니다. 성인께서 하늘의 도를 계승하고 인간의 표준을 세워 한 세상을 다스린 것도 이와 같은 것에 지나지 않습니다. 그리고 도통이라는 명칭도 여기서 확립된 것입니다.

도는 고상하거나 먼 데 있는 것이 아니며 단지 일상 속에 있을 뿐입니다. 일상 속에서 활동하는 사이에 사리를 정밀하게 관찰하고 진실로 중용의 도를 얻는다면 이것이 바로 도에서 어긋나지 않는 방법입니다. 이것으로 덕을 완성하는 것을 수기라 하고, 이것으로 가르침을 베푸는 것을 치인이라 하며, 수기와 치인의 실상을 극진하게 하는 것을 전도(傳道)라 합니다. 그러므로 도통이 임금에게 있으면 도가 일시에 행해져서 후세에 혜택이 이르고, 도통이 필부에게 있으면 도가 한 세상에 행해지지 못하고 단지 후학들에게만 전해질 뿐입니다. 만약 도통이 전승되지 않고 필부도 일어나지 않는다면 천하가 어두워져 따를 바를 모르게 될 것입니다.

저는 지금 앞선 유학자들의 말에 의해 도통의 전승을 모두 서술했습니다. 복희에서 시작하여 주자에서 끝을 맺었는데, 주자 이후에는 확실한 전승이 이루어지지 않았습니다. 이에 저는 길이 탄식하며 깊이 전하께 바라는 것입니다. 엎드려 바라옵건대, 전하께서는 도에 뜻을 두고 나태하게 행하지 마시옵소서. 요임금과 순임금을 추모하고 본받아 학문으로 선을 밝히고 덕으로 몸을 성실하게 하시옵소서. 그리고 수기의 공부를 극진하게 하고 치인의 가르침을 베풀어 물러서려는 생각에 흔들리지 말고, 이해를 따지는 말과 글에 움직이지 마시고 인습을 따르자는 말에도 구애되지 말고 반드시 이 도를 크게 밝혀 실천하시옵소서. 그리하여 도통의 전승을 계승하신다면 만세토록 다행일 것입니다.

《성학집요》, 율곡이 정리한 성리학의 핵심 사상

1. 율곡의 생애

율곡 이이는 1536년에 태어나 1584년에 세상을 떠난 조선 시대 중기의 학자이자 정치가로서, 퇴계 이황(李滉)과 쌍벽을 이루는 최고의 학자였다. 아버지 이원수(李元秀)와 어머니 사임당 평산 신씨(平山 申氏)의 4남 3녀 중 3남으로 태어났으며, 자는 숙헌(叔獻)이고 호는 율곡이다. 율곡은 조선 시대를 통틀어 유일하게 과거에 아홉 번이나 장원했기 때문에 '구도장원공(九度壯元公)'이라는 별칭이 있을 정도로 어릴 적부터 그 총명함과 천재성으로 유명했다. 전해 오는 이야기로는 율곡이 태어나기 전날 어머니 사임당은 검은 용이 바다에서 침실 쪽으로 날아와 마루 사이에 서려 있는 태몽을 꾸었다고 하여 어렸을 때는 율곡을 현룡(見龍)이라고도 불렀다.

율곡은 경기도 파주시 율곡리가 고향이지만 외가인 강원도 강릉에서 유년기를 보내며 어머니와 외할머니의 보살핌 속에서 자랐다. 강릉에서의 어린 시절은 율곡의 삶에 큰 의미를 지니는데, 왜냐하면 어머니가 율곡에게 최초의 스승이었기 때문이다. 잘 알려진 대로 어머니 사임당은 여자로서는 드물게 학문적으로도 뛰어났을 뿐만 아니라 예술적 재능까지 지닌 조선 시대 최고의 여성이었다. 그런 어머니 밑에서 자랐기 때문에 율곡은 어머니에 대한 효성이 남달랐고 어머니가 돌아가시자 큰 충격을 받고 방황하다가 금강산에 들어가서 1년 동안 불경을 공부하기도 했다. 불교를 배척하던 조선 사회의 분위기 때문에 이때의 경력은 훗날 유학자들로부터 많은 공격을 받게 하는 등, 평생 그를 괴롭히는 이력으로 따라다니기도 했다.

금강산에서 내려온 율곡은 아버지의 부탁과 어려운 집안 사정을 보고 깨달은 바가 있어 과거 공부에 전념했다. 그 결과 21세와 22세에 연이어 장원 급제를 하고, 23세에는 도산 서원에 찾아가서 퇴계와 처음 대면한다. 유학에 대한 자신의 깨달음이 어느 정도인지 확인하기 위해서였다. 율곡은 자신보다 35세나 많던 당대 최고의 학자 퇴계를 만나 이틀 동안 성리학에 대한 대화를 나누고 강릉으로 돌아갔다. 율곡이 떠난 후 퇴계는 자신의 제자들에게 "후배들이 두렵다[後生可畏]."라는 말을 했다고 한다. 스승과 제자, 부모와 자식이라고 할 나이 차이를 극복하고 두 학자는 진지한 토론을 하며 서로에게 깊은 감명을 받았다고 전해진다. 이후 율곡은 과거에서 수차례 장원을 하며 29세에 관직 생활을 시작한다.

율곡은 당시의 학자들과 교류하며 자신의 학문을 완성하는 한편 관료로서는 백성을 위한 정치를 하는 데 최선을 다했다. 특히 우계(牛溪) 성혼(成渾)은 율곡과 가장 친분이 두터운 학자로 서로에게 영향을 미치는 교분을 맺었다. 율곡은 정치가로서도 매우 탁월한 능력을 가진 인물이었다. 그는 성리학의 명분론이나 공리공담에 빠지지 않고 성리학을 항상 현실 문제와 연결해 해결하려고 노력했다. 이런 노력으로 율곡은 현실을 정확하게 판단할 수 있었다. 임진왜란이 일어나기 전에 10만 군대를 양성해야 한다고 주장했던 사실은 율곡의 이런 판단력과 능력을 증명하는 것이다. 하지만 유성룡(柳成龍)을 비롯한 대신들이 율곡의 견해에 반대해 결국 이 의견은 시행되지 못했다. 하지만 임진왜란이 일어나 나라가 위기에 처하자 유성룡은 "율곡은 참으로 성인이다."라고 칭찬하면서 율곡의 선견지명에 탄복했다고 한다.

이렇게 정치적으로 뛰어난 능력을 인정받았음에도 율곡은 평탄한 벼슬길을 걷지 못했다. 40세 무렵인 1575년에는 동인(東人)과 서인(西人)의 붕당이 발생했고 율곡은 그들을 중재하고자 노력했지만 결국 실패하고 만다. 그리고 48세에는 터무니없는 탄핵을 받아 벼슬길에서 떠나기도 했다. 우계를 비롯한 선비들과 성균관 유생인 태학생들의 상소로 결국 탄핵을 주동한 인물들이 도리어 귀양을 가게 되지만 율곡은 이후 모든 벼슬을 사양하고 고향에 은거했다. 이 무렵 율곡은 지병이 깊어져 거동하기 불편할 정도로 고통을 받았다.

이듬해인 1584년 1월 16일, 결국 율곡은 49세라는 젊은 나이로 세상을 떠나고 만다. 하지만 율곡이 남긴 업적은 우리나라 철학사와 정치사에 길이 빛나는 것이었고 이후 하나의 학파를 이룰 정도로 그 영향이 깊고 넓었다. 율곡이 세상을 떠난 후 장례 준비는 모두 친구들이 했으며, 남은 가족들이 거처할 집도 친구들이 마련해 주었다. 위대한 정치가요 학자였지만 가정 살림은 곤궁해서 어려움을 면치 못했기 때문이다. 청빈한 삶을 살았던 그의 생애를 반영하는 대목이 아닐 수 없다. 과거에도 그렇지만 훌륭한 사람의 기본 자세는 개인의 욕심을 버리는 일에서부터 시작되었던 것 같다. 이런 점에서 율곡은 진정한 선비의 귀감이라 할 만하다.

율곡은 요절했지만 뛰어난 학문적 업적이 담긴 수많은 저서를 남겼다. 어린 학생들을 위하여 《격몽요결(擊蒙要訣)》을 완성했고, 보다 많은 사람들이 읽을 수 있도록 《소학집주(小學集註)》는 물론 《사서언해(四書諺解)》 등을 저술해서 성리학 보급에 힘썼다. 나라의 어려운 살림을 걱정하며 해결책을 제시한 《만언봉사(萬言封事)》와 같은 상소도 매우 많다. 그런데 율곡의 여러 저술 가운데 가장 유명한 책이 바로 《성학집요》다. 《성학집요》는 율곡의 독창적인 저술은 아니지만 성리학에서 중요하게 여기는 경전과 해설서 등을 총체적으로 망라해서 《대학》의 팔조목이라는 하나의 일관된 흐름으로 묶고 율곡 자신의 해설을 덧붙였기 때문에 율곡 사상의 중요 부분을 반영하고 있기 때문이다. 따라서 성리학을 이해하는 기본적인 교양서로서의 가치뿐만 아니라 유학 사상의 한국적 수용과 해석을 잘 드러내고 있다. 이처럼 상당히 많은 율곡의 저술들은 율곡이 세상을 떠난 후 율곡을 따르던 제자들과 후인들이 하나로 묶어 《율곡전서》로 편찬했다.

2. 율곡의 사상

율곡은 유학자며 성리학자다. 성리학은 중국 송나라 때에 주자가 완성한 학문으로 우리나라에서는 조선 왕조 중기인 16세기에 꽃을 피웠다. 그 가운데 퇴계와 율곡의 성리학은 양대 산맥처럼 우뚝 솟아 있다. 따라서 퇴계의 사상과 비교한다면 율곡의 사상을 좀 더 쉽게 이해할 수 있을 것이다.

성리학은 우주의 근원적인 구성 인자를 이(理)와 기(氣)로 설명하는데, 이 둘의 관계를 어떠한 관점에서 바라보느냐에 따라서 사상적인 입장이 달라진다. 이는 형체도 없고 스스로 움직이지도 않는다. 그러나 기는 형체가 있고 움직이는 것이다. 따라서 이는 만물의 원리와 근원 등을 의미하고 기는 현상과 실체 등을 의미한다. 이기의 관계를 인간에 비유한다면 이는 인간의 정신이나 이성에 해당하고 기는 육체에 해당하는 것이다. 인간에게 정신과 육체가 모두 필요하듯이 우주의 만물에도 이와 기가 모두 갖추어져 있어야 한다.

이렇게 만물을 이루는 이와 기 중에서 어느 것이 더 본질적이냐, 또는 어느 것이 주도적인 역할을 하느냐 하는 문제로 학자들의 입장이 서로 달라졌다. 왜냐하면 성리학을 집대성한 주자는 이 문제에 대해서 명확한 해답을 제시하지 않았기 때문이다. 퇴계는 이가 기보다 더 중요하고 존귀하다고 생각했다. 즉, 이는 아주 선한 존재인데 비해 기는 선악이 함께 들어 있어서 서로 구별하지 않을 수 없다는 이존기비(理尊氣卑, 이는 높고 기는 낮다.)의 입장을 가졌다. 하지만 율곡은 퇴계와 다른 입장이었다. 이기가 합해져서 만물을 구성한다는 생각은 퇴계와 같았지만 이와 기의 문제를 존귀함과 비천함의 문제로 접근할 수 없다고 생각했다. 율곡은 이와 기가 아주 오묘하게 결합되어 만물을 생성하는데, 이 두 가지는 모두 동등하게 중요한 가치를 지니고 있다고 생각했다. 따라서 퇴계의 학설은 이와 기를 분리해서 생각하는 이기이원론인 셈이고, 율곡의 학설은 이와 기를 분리하지 않고 하나로 보는 이기일원론의 입장이라고 할 수 있다.

원래 성리학에서 말하는 이기는 둘이 합해져서 만물을 만들기 때문에 서로 떨어질 수 없는 관계에 있는 동시에 이와 기가 서로 다른 존재이기 때문에 완전하게 합해져 하나로 될 수 없는 관계에 있다. 이 가운데 퇴계는 이와 기가 서로 다른 존재라는 점을 보다 강조하여 "이와 기는 서로 합해져 하나로 될 수 없다."라고 했고, 율곡은 현실적 사물에서 본다면 이와 기는 서로 분리될 수 없다고 생각하여 "이와 기는 서로 떨어질 수 없다."라는 점을 강조했다. 이것이 율곡과 퇴계가 가장 크게 구별되는 지점이다.

퇴계와 율곡의 학문은 16세기 성리학의 큰 봉우리를 이루고 수많은 제자와 추종자를 낳았다. 따라서 퇴계와 율곡의 사상적 영향을 받은 학자들은 직접 가르침을 받지 않았다 해도 스승과 제자의 관계로 계승되어 학파를 형성하게 되었다. 퇴계와 조식(曺植)의 제자들이 영남 지방을 중심으로 활동했기 때문에 이 학파를 영남학파(嶺南學派)라고 하며, 율곡의 학설을 따르는 학자들은 경기도와 충청도 지역을 중심으로 활동해서 이 학파를 기호학파(畿湖學派)라고 한다. 그런데 선조 후기에 붕당이 조성되면서 영남학파의 학자 가운데 다수가 동인이 되고, 기호학파의 학자들은 대부분 서인이 되어 학파에 따라 붕당이 형성되기도 한다. 그러나 반드시 영남학파의 학자들이 동인이 되거나 기호학파의 학자들이 서인이 되는 것은 아니었다.

학문적으로 영남학파는 주리적(主理的) 경향을 띠고 있으며, 기호학파는 주기적(主氣的) 경향을 띠고 있다고 분류한다. 영남학파 가운데서도 퇴계와 조식의 학풍은 서로 달랐다. 퇴계가 내면적 심성을 강조한 반면에 조식은 성리학적 가치관을 일상생활에서 실천해야 한다는 입장이 강했다. 그런데 조식의 후계자들이 인조반정으로 몰락하면서 학통이 단절되자 영남학파는 곧 퇴계학파를 칭하는 말이 되었다. 퇴계의 문하에는 유성룡·김성일·정구 등의 학자들이 있었고, 이후 정경세·이현일·장현광 등이 맥을 계승했다. 기호학파에는 율곡과 동시대의 인물로 조헌·정엽·송익필 등이 있으며 이후로 김장생·송시열이 학통의 주류를 형성했다.

이하에서는 이기일원론에 기반을 둔 율곡의 사상을 우주론과 인성론, 정치관, 교육관으로 나누어 살펴보겠다.

1) 이통기국으로 본 우주론

앞에서도 나왔지만 성리학에서 우주론은 일반적으로 이기론이라 표현되는데, 이것은 이와 기를 통해서 우주의 구성과 생성 원리를 설명하기 때문이다. 만물은 이와 기라고 하는 두 원리에 의해서 만들어지며, 이는 만물을 만들어 내는 원리에 속하고 기는 만물의 외형을 나타내는 물질적인 것이다. 가령 인간의 정신을 이라고 한다면 육체는 기라고 하는 것과 같다. 율곡의 우주론은 이통기국, 이기지묘, 기발이승으로 나누어 설명할 수 있다.

만물은 이기의 결합에 의해서 생겨나는데 퇴계가 이를 근원적인 것이라고 높여 주장한 반면에 율곡은 이와 기의 가치를 동등하게 생각했다. 왜냐하면 이가 없으면 기의 근거가 없고, 기가 없으면 이가 의지할 데가 없기 때문이다. 그리고 이는 형체가 없기 때문에 어느 곳이든 통할 수 있지만 기는 형체를 가지고 있기 때문에 어디서든지 한계를 갖는다. 따라서 이가 보편성을 갖는 것이라면 기는 특수성을 갖는다. 이것을 율곡은 이는 사방으로 통하고 기는 국한된다는 이통기국으로 설명했다. 이는 시간과 공간에 제약을 받지 않는 보편성을 가진 반면에 기는 시간과 공간에 따라서 제약을 받는 국한성을 가졌다는 말이다.

율곡에게 이와 기는 우주 만물의 존재에 반드시 필요한 두 요소로서 대등한 가치를 갖는다. 이 가운데 어느 하나만으로 만물을 만들 수 없다. 이 없는 기도 없고, 기 없는 이도 없다. 이기는 본래 분리될 수 없는 것이므로 하나의 모습으로만 존재한다. 하지만 하나로 존재한다고 해서 이가 기가 되거나 기가 이가 되는 것은 결코 아니다. 이와 같이 둘이면서 하나로 존재하고, 하나면서 둘이기 때문에 이와 기가 오묘하게 결합되어 있다고 주장한다. 율곡은 이것을 이기지묘라고 표현했다. 이기지묘는 시간적으로 선후가 없고 공간적으로 분리되거나 합해지지 않는 상태를 의미한다.

이와 기가 오묘하게 결합되어 상호의 관계를 유지하지만, 이와 기의 기능은 서로 다르다. 이는 기가 발동하는 원인이 되고, 기는 발동하는 기능을 가지고 있다. 여기서 발동이란 운동성을 말한다. 율곡은 이는 운동성이 없고 오직 기만이 운동성을 갖는다는 점에 주목했다. 따라서 기가 움직이면 이도 기에 올라타서 움직일 수 있게 된다. 이 것을 기발이승이라고 한다. 퇴계가 "이가 발동하면 기가 따르고 기가 발동하면 이가 올라탄다[理發而氣隨之 氣發而理乘之]."라고 주장한 것과는 다르다. 퇴계의 주장은 이와 기가 모두 발동하는 운동성을 갖는다는 이기호발설(理氣互發說)이라고 할 수 있다. 그러나 율곡은 퇴계의 주장과 달리 이에는 운동성이 없기 때문에 발동하는 것은 오직 기라고 했다. 따라서 율곡은 기가 발동하고 이가 올라타는 기발이승일도설(氣發理乘一途說)을 주장했다.

율곡 이전에 서경덕이 이와 기 가운데 기를 중시했는데, 퇴계는 주자의 원래 주장에 근거해서 이를 더 중시하는 입장을 밝혔다. 이에 대해 율곡은 이와 기 가운데 어느 한쪽으로 치우치지 않고 오묘하게 조화를 이룬다는 이기묘합(理氣妙合)의 논리를 주장한 것이다. 이렇게 율곡의 이기론은 주자학에 충실하면서도 나름의 독창성을 가지고 있었다. 율곡은 이를 중시하는 주자학적 관념의 틀에서 벗어나 현실의 문제에 관심을 가지고 있었기 때문에 기의 중요성을 강조했다. 왜냐하면 현실은 기가 발현하는 물질적 세계이기 때문이다. 율곡이 현실 문제에 대해 다양한 해법을 제시한 것도 율곡의 이런 우주론과 깊은 연관이 있다.

2) 사단칠정으로 보는 인성론

인성론은 인간 존재의 내면적 구조를 다룬 이론이다. 인간은 과연 어떤 존재인가? 인간의 본질은 무엇인가? 이러한 문제를 분석하고 설명하는 것이 바로 인성론이다. 성리학에서 인간의 본성은 하늘로부터 타고난 선한 본성인 본연지성과 육체를 갖게 되면서 혹은 흐리거나 어두워진 본성인 기질지성으로 구별한다.

앞에서도 말했지만 율곡은 인간의 본성을 이와 기의 결합으로 생각했다. 그런데 이가 기 속에 있을 때 성(性)이 된다. 만약 기 속에 있지 않으면 마땅히 이라고 해야지 성이라고 할 수 없다. 따라서 율곡의 입장에서 본다면 본연지성이란 기와 섞일 수 없는 것이다. 기 속에 있는 이만을 가리켜 말할 때 본연지성이라고 하기 때문이다. 쉽게 말하자면 인간의 본성은 육체와 정신이 결합된 상태에서 정신적인 부분만을 본연지성이라고 말할 수 있지만, 육체와 분리된 상태에서는 본연지성을 말할 수 없고 그냥 이라고 해야 한다는 말이다. 율곡은 인간의 본성은 곧 하나인데, 이만을 가리켜 말하느냐 아니면 이기를 합하여 말하느냐에 따라서 명칭이 달라진다고 본 것이다.

이러한 율곡의 관점은 주자나 퇴계의 관점과는 달랐다. 그들은 성즉리(性卽理, 인간의 본성인 성과 우주의 근원인 이가 서로 같다.)의 관점에서 본연지성만이 참다운 본성이라고 주장하고 군자의 본성이라는 측면에서 기질지성은 본성이라고 할 수 없다는 입장이었다. 그러나 율곡은 성즉기(性卽氣, 인간의 본성인 성과 우주의 형질적 요소인 기가 같다.)의 입장을 바탕으로 하고 있다. 우주론에서 이기지묘로 파악한 것처럼 본성에 대한 관점도 이기가 합해진 기질지성을 본성으로 본 것이다. 즉, 본연지성이란 기질지성 속에서만 의미를 갖는다는 것이다.

인간의 감정을 언급한 사단칠정에 대한 관점도 율곡은 퇴계와 달랐다. 사단이란 인간의 마음에 있는 단서, 즉 식물의 새싹과 같은 것이고 칠정이란 밖으로 드러난 인간의 감정을 말한다. 사단은 맹자가 말한 개념으로 남을 불쌍하게 여기는 측은지심, 부끄러움을 아는 수오지심, 도덕적인 양보심을 갖는 사양지심, 옳고 그름을 가리는 시비지심의 일곱 가지 감정을 말하며 인·의·예·지의 출발 지점, 즉 단서를 말한다. 칠정이란 기쁨·노여움·슬픔·두려움·사랑함·미워함·욕심의 일곱 가지 감정을 말하며 인간의 감정이 드러난 상태를 말한다. 퇴계와 율곡을 중심으로 우리나라 성리학자들은 사단과 칠정이 동일한 개념인지 아니면 별개의 개념인지에 대해 많은 논쟁을 벌였다.

퇴계는 사단과 칠정을 분리해서 두 가지로 본 반면 율곡은 칠정 속에 사단이 포함되어 있다고 주장했다. 율곡은 기질지성 속에서 본연지성을 본 것처럼 칠정 속에서 사단을 이해하려고 했다. 이것은 본성이 하나이듯 감정도 하나라고 보는 것이다. 율곡은 퇴계와 달리 인성론에서도 현실적으로 드러난 기질지성에 중점을 두고 있다. 이것은 인간의 존재를 현실 세계 속에서 파악하려고 한 관점으로 이해된다.

또한 율곡은 인성론에서 제시한 욕심을 제거하기 위한 방법론으로 수양론을 다루면서도 자신의 독창적인 입장을 밝혔다. 성리학에서는 수양론의 핵심을 성실함[誠]과 높여서 받듦[敬]으로 보았는데 이것을 성경론(誠敬論)이라고 부른다. 성(誠)은 모든 사물에게 들어 있는 것이므로 우주 만물의 존재 근거라고 할 수 있다. 따라서 성은 하늘의 도리, 천도다. 인간은 이러한 하늘의 도리를 본받아 성실하게 노력해야 하는데 이것이 사람이 지켜야 하는 도리인 인도다. 따라서 성은 하늘과 인간을 연결하는 매개자요, 모든 사물의 존재 근거가 된다. 반면에 높여서 받드는 경은 마음을 집중해서 다른 곳으로 달아나지 못하도록 하는 것이다. 인간은 마음먹기에 따라 선악이 달라지기 때문에 항상 경계하고 집중하는 경에 의해 마음을 단속하는 것이다.

이러한 성과 경의 수양 방법 가운데 무엇을 더 중요하게 여기느냐하는 것도 인간을 어떻게 이해하느냐에 따라 달라진다. 율곡은 이기일원론을 근거로 하늘의 도리인 천리와 인간의 마음인 인심이 분리되지 않는다고 주장하여 천인합일의 중심인 성을 강조한다. 하늘과 인간이 분리되지 않는 성으로 연결되어 있듯이 인간의 선악 문제도 감정과 본성이 분리되지 않는 기에 좌우된다고 본 것이다. 따라서 감정과 본성의 일치 속에서 성을 중시한다.

이와 달리 퇴계는 이기이원론을 중심으로 인간의 선악을 천리와 인심으로 분리해서 설명했다. 따라서 욕심을 갖게 만드는 마음을 단속하는 경을 통해서 인간의 감정을 억제하고 본성을 회복해야 한다는 것에 주안점을 두었다. 그러므로 율곡은 수양론에서 성을 강조했고 퇴계는 경을 강조하게 된 것이다.

3) 백성을 중시하는 정치관

율곡은 자신이 살던 16세기 후반의 정치적 상황을 배경으로 유가의 전통적인 정치 철학을 계승하고 발전시켰다. 16세기 후반은 조선 사회에서 지배 권력을 차지하고 있던 훈구 관료 세력이 점차 힘을 잃고 지방의 중소 지주 계층이 새로운 지배 세력으로 떠오르던 시기였다. 이러한 시대 분위기를 반영하여 율곡은 "일반 사람이나 성인도 본성에 있어서는 같다."라는 만민 평등의 입장에서 정치의 주체를 백성으로 규정했다.

율곡은 공자와 맹자가 강조했던 백성을 중심으로 놓는 민본주의를 정치 이론의 중심 고리로 제시한 것이다. 율곡은 맹자의 이른바 "백성이 가장 귀하고 사직이 그다음이며, 임금이 가장 가벼운 존재다."라는 입장을 강조했다. 그래서 "나를 어루만지면 임금이지만 나를 학대하면 원수다."라고 말하면서 민본주의를 바탕으로 왕의 권력보다는 일반 백성이나 사대부의 입장을 반영하는 정치관을 펼쳤다. 따라서 율곡은 임금에게도 엄격한 도덕성을 요구했다. 정치의 근본은 위정자의 도덕성에 기인하기 때문이다. 전통적인 유가의 입장에서는 정치가 잘 이루어지느냐 그렇지 않느냐는 위정자의 능력에 의해 좌우된다고 보았다. 따라서 임금이 성군이 되는 것이 무엇보다도 중요하다고 보았고 그런 이유로 도덕적인 내용을 실은 《성학집요》를 만들어 임금을 올바르게 이끌고자 했던 것이다. 이런 점은 퇴계가 《성학십도》를 지어서 어린 선조에게 바쳤던 것과 비슷한 맥락이라고 볼 수 있다.

이와 더불어 율곡은 그동안 조선 사회가 발전하면서 안고 있던 문제를 해결하기 위해 백성들에게 부담을 주는 각종 제도를 정비하고 어진 사람의 정치 참여, 국방의 내실화, 산업의 진흥 등을 국가 운영의 중심 목표로 보았다. 이는 전통적인 유가의 민본주의 입장을 현실에 적용한 것으로 그동안 부패와 안일에 빠져 있던 권력층에 대한 비판이기도 했다.

특히 율곡은 훌륭한 정치가 이루어지기 위해서는 인재를 얻는 것이 무엇보다 중요하다고 역설했다. 능력 있고 어진 사람이 관리가 되어야 나라가 발전한다는 것은 동서고금 어디서나 불변의 진리다. 따라서 임금은 최선을 다해서 인재를 발굴하고 무능하거나 부패한 사람을 자리에 앉혀서는 안 된다는 점을 강조했다. 이와 더불어 율곡은 백성의 여론을 중시해야 한다는 점 역시 강조했다. 백성의 여론을 듣지 못하면 나라는 반드시 망하게 되어 있다. 그렇기 때문에 율곡은 백성의 뜻을 중시하고, 광범위한 여론을 수렴해서 정치에 반영해야 한다고 했던 것이다. 백성들의 여론과 더불어 임금이나 권력에 대해 비판의 자유를 허용하는 언로를 개방해야 한다고 주장했다. 그는 언로가 막히면 귀를 막고 있는 것과 같다면서 신하와 백성들이 직언을 할 수 있도록 임금 스스로가 언로를 열어야 한다고 말했다.

이처럼 율곡의 정치사상은 유가의 민본주의적 정치사상을 계승한 것이며, 16세기 후반 조선의 정치적 상황이 권력층의 부패와 무능, 무사안일로 치닫는 것에 대한 자각과 비판에서 나온 것이었다. 율곡의 정치사상은 당시의 상황에서 보면 매우 개혁적인 것으로 만약 율곡의 이런 주장이 수용되었다면 조선은 임진왜란이나 병자호란과 같은 외적의 침입을 받지 않았거나 충분하게 막아 냈을지도 모른다.

4) 일상에서 도를 찾는 교육관

율곡은 정치에서뿐만 아니라 교육에 대해서도 깊은 관심을 갖고 다양한 노력을 기울였다. 율곡은 훌륭한 학자인 동시에 많은 제자들을 기른 실천적 교육자였다. 특히 율곡은 교육을 통한 일반 백성들의 교화를 적극 실천하고자 했는데, 이 점은 《격몽요결》, 《학교모범(學校

摸範)》, 《동호문답(東湖問答)》 등에 잘 나타나 있다.

율곡은 보다 많은 사람들이 성인의 도를 공부하게 하기 위해서 《격몽요결》을 지었다. 그리고 그 서문에서 사람이 이 세상에 태어나서 공부를 하지 않으면 사람이 될 수 없다면서 사람이 될 수 있는 조건이 배움에 있다고 말했다. 또한 《동호문답》에서는 백성을 잘 기른 다음에 교화를 베풀어야 하는데, 교화를 베푸는 방법으로 학교보다 더 좋은 곳이 없다고 했다. 따라서 율곡이 말하는 학문이란 고상하고 차원 높은 것이 아니었다. 일상생활 속에서 마땅히 행해야 하는 윤리 규범이 바로 학문이었다. 즉, 글을 읽는 것만이 학문이 아니라 생활 속에서 이치에 맞게 행동하는 것이 곧 학문이라는 것이다. 따라서 율곡의 교육 목표는 도를 얻는 데 있었다. 도라는 것은 아득히 먼 곳에 있는 것이 아니라 부모에게 효도하고 어른에게 공손하며, 거처할 때는 공손하고 일을 할 때는 경건하게 하는 데 있다. 율곡은 《학교모범》에서 입지(立志)에 대해 설명하면서 "배우는 사람은 먼저 뜻을 세워야 한다. 그리고 도를 자신의 임무로 삼아야 한다."라고 말했다. 율곡의 입장에서 보면 학문에 대한 의지를 확립하는 입지가 우선이고, 도를 목표로 삼아 성인이 되기 위해 노력하는 것이 곧 학문인 셈이다.

율곡이 생각한 이상적인 인간은 유가에서 말하는 성인이다. 유가에서는 바람직한 인간상으로 성인, 인자, 현인, 군자 등을 다양하게 제시하지만 그 가운데서 가장 바람직한 인간은 바로 성인이다. 따라서 학문을 하는 사람은 누구나 성인이 되려고 노력해야 한다고 보았던 것이다. 그래서 율곡은 성인이 되기 위해서는 자신의 기질을 극복하여 타고난 본성을 회복해야 한다고 말했다. 그렇게 하기 위한 방법론으로 제시한 것이 경에 머물면서 근본을 세우고 궁리를 통해서 사물의 이치를 터득하며 역행으로 실천하는 것이다.

율곡은 또한 실천하지 않는 지식은 지식이 아니라고 하면서 지행병진(知行竝進)을 주장했다. 아는 것과 실천하는 것을 선후로 나누지 말고 동시에 진행해야 한다는 말이다. 그렇기 때문에 마음과 행동이 일치하지 않으면 진정한 유자(儒者)가 아니라고 주장했다.

율곡의 교육관은 유교의 전통적인 교화론에서 나온 것으로 시대적 한계는 있을지 몰라도 심성 교육을 강조한 전인 교육에 그 목표를 두고 있다. 때문에 율곡의 교육관은 오늘날의 지식 교육과는 달리 '인간다운 인간의 실현'에 그 의미를 두고 있다고 할 것이다.

3. 《성학집요》는 어떤 책인가?

《성학집요》는 율곡이 40세 되던 해인 1575년에 저술하여 선조에게 올린 책으로 《대학》의 본뜻을 따라 사서오경 및 성현의 말을 고르고 뽑아서 여기에 성리학의 선현들이 말한 주석과 자신의 주석을 붙여 만들었다. '성학'이란 성인이 되기 위한 학문이고, '집요'란 요점을 모은 것이라는 의미다. 따라서 이 책의 제목인 성학집요를 풀이하면 '성인이 되기 위한 학문의 요점을 모아서 정리한 책'이라고 할 수 있다.

율곡이 이 책을 선조에게 올린 이유는 이 책을 읽고 나라를 잘 다스리는 성인이 되어 달라는 의미가 담겨 있다. 이 책은 임금의 학문과 통치를 돕기 위해 학문의 핵심을 얻을 수 있는 자료를 뽑아 편찬했기 때문에 사실상 책의 내용이 임금 한 사람에게만 해당되는 것은 아니다. 그리고 이 책은 율곡이 집필했지만 율곡 자신의 주석은 그리 많지 않다. 유가의 경전과 선현들이 남긴 글 가운데 중요한 것을 주제별로 모아 정리하고 자신의 설명을 간략하게 덧붙였다.

이 책은 통설·수기·정가·위정·성현도통의 다섯 편으로 이루어졌으며, 각각의 편을 다시 여러 개의 장으로 분류하여 설명하고 있다. 이 책의 순서는 《대학》의 편제에 따르고 있는데, 율곡은 서문에서 "《대학》의 취지를 모방하여 차례를 나누고, 성현의 말을 정밀하게 선택하여 그 내용을 채우고, 목차를 자세히 밝혀 말은 간략하되 이치를 극진하게 했으니, 요점을 얻는 방법이 바로 여기에 있을 것입니다." 라고 말하고 있다. 즉, 《대학》의 수신·제가·치국·평천하와 연관된 경전과 성현의 말씀을 정리하고 자신의 설명을 부연한 것이다.

이 책의 구성 가운데 통설은 서론에 해당하고, 성현도통은 결론에 해당한다. 그리고 수기와 정가, 위정은 본론에 해당된다고 할 수 있다. 통설은 《대학》과 《중용》의 첫머리에 나오는 글을 인용하여 자신을 닦고 백성을 다스리는 도리를 합해서 말한 것으로, 이 책을 저술한 의미와 책의 전체적인 내용을 언급하고 있다. 제2편인 수기는 전체 13장을 다시 상·중·하로 나누고 있으며 《대학》의 명명덕에 해당하는 부분을 다루고 있다. 수기 상은 1장에서 4장까지로 학문의 방향을 세우고 사물의 이치를 밝히는 것에 대해 언급하고 있다. 수기 중은 5장에서 9장까지로 《대학》의 성의·정심과 수신에 해당한다. 수기 하는 10장에서 13장까지로 성의·정심·수기의 나머지를 언급하고 그 효과에 대해 설명하고 있다. 제3편 정가는 《대학》의 집안을 다스리는 제가를 말한 것으로 전체가 8장으로 되어 있다. 역시 마지막 장에서는 제가의 효과를 언급하고 있다. 제4편 위정은 《대학》의 신민과 치국·평천하를 언급하고 있다. 그리고 마지막 제5편인 성현도통은 《대학》에 이르기까지 역대 성현들의 계통과 연원을 밝히고 있다. 이 편에서 율곡은 도를 계승해 온 성현들의 계통을 설명하며 선조에게도 도통을 이어받도록 요구하고 있는데, 그 이유는 500년마다 성인이 나온다는 그 시기에 선조가 해당되기 때문이다. 전체적인 구성으로 본다면 이 책은 유학을 공부하고 그 가르침에 따라서 자기 완성을 이루고 다시 가정·사회·국가를 다스리는 데 필요한 이념적인 지표를 간단하게 편집한 것이다.

또한 《성학집요》는 송나라 때 진덕수가 편찬한 《대학연의》를 참고해서 차례를 세웠는데, 사서오경과 선현의 저서를 참고하여 고증하고 설명하는 방식을 채택했기 때문에 일관된 흐름을 지니고 있다. 따라서 이 책은 일반인도 읽을 수 있는 성리학의 안내서라고 할 수 있으며, 율곡의 성리학설을 이해하는 좋은 자료이기도 하다. 그리고 학문적으로는 우리나라 학자에 의해서 정리된 유학의 종합적인 교양서라는 점에서 그 의의가 매우 크다.

4. 《성학집요》의 의의

《성학집요》는 유학에서 말하는 성현들의 말과 글을 정리해서 《대학》의 수신·제가·치국·평천하라는 주제에 맞춰 편집한 책이다. 그런 까닭에 이 책에는 유학의 새로운 지식이 들어 있는 것은 아니다. 어찌 보면 보다 폭넓게 공부하기 위해서는 이 책보다는 유학의 사서오경을 깊이 있게 읽는 것이 나을지도 모른다. 하지만 이 책이 지닌 의미는 우리 선조들을 포함한 동양인에게 학문이란 어떤 의미를 지닌 것인가라는 문제 제기에 대해 답을 주고 있다는 점에 있다. 오늘날 우리는 학문의 목적을 지식 축적에 두고 있다. 하지만 율곡의 시대뿐만 아니라 그 이전과 이후에도 동양인들은 학문의 목적은 지식의 습득이 아니라 인간의 완성에 있다고 보았다. 완벽한 사람은 세상에 존재하지 않는다. 그렇기 때문에 부족한 점을 보완하고 교정하여 선량한 마음을 갖도록 노력하는 것이 바로 학문의 본래 목적이라고 본 것이다. 따라서 학문하는 진정한 기쁨과 의미를 미처 알지 못하고 공부하는 사람들에게 이 책은 매우 중요한 가르침을 주고 있다. 내가 공부하는 것은 나 자신만을 위한 것이 아니라는 가르침이다. 무엇이 진정으로 인간다운 삶인지, 무엇이 나와 이웃, 그리고 인류를 함께 잇고 있는지를 알려 주기 때문이다.

또 다른 측면에서 보면 불교의 불경, 기독교의 성경과 마찬가지로 유교의 경전도 역시 먼저 깨달은 사람들이 후학들에게 남겨 준 보배 같은 삶의 도리를 담고 있다. 《성학집요》는 그 가운데서도 가장 중요하고 핵심적인 내용만을 모아 놓은 정수라고 할 수 있다. 그런 점에서 비인간적인 경쟁과 몰염치한 적대와 반목이 지배하는 정글의 시대를 살아가는 사람들에게 《성학집요》는 아주 다른 세계관을 보여 줄 것이다. 앞에서도 말했지만 세상이 아무리 변해도 변하지 않는 것이 있다. 그것은 바로 인간의 마음이다. 인간의 마음을 바르게 하는 것은 공부나 출세 등 모든 것에 앞서 가장 중요한 가치다. 따라서 성인이 되고자 했던 율곡을 포함한 우리 선조들의 학문은 마음을 닦는 데서부터 출발한다. 이 책은 바로 자신의 마음을 바르게 하는 것에서 출발하여 모든 인류에게 그 마음을 전하도록 하는 데에서 끝을 맺는다. 맑은 마음으로 천하가 어우러진다면 세상은 한층 밝아지고 평화로운 세상이 될 것이다.

그러나 무엇보다도 《성학집요》가 전하는 진정한 가치는 율곡이 지녔던 마음일 것이다. 율곡의 시대는 왕의 시대였고, 왕의 시대에서 가장 중요한 사람은 왕일 수밖에 없었다. 그래서 우리의 선배 학자들은 자신의 지극한 정성과 마음을 담아 왕을 바르게 인도하려고 했던 것이다. 왕 앞에서 아부나 하고 눈앞의 이익이나 추구하던 권신들과는 달리 율곡과 퇴계와 같은 대학자들은 왕을 올바르게 이끌기 위해 책을 써서 바치고 성군이 되도록 인도하려고 했다. 그러므로 《성학집요》에는 태평성대를 꿈꾸는 유학적인 이상을 순수한 마음으로 전달하려는 의지와 열망이 들어 있다. 그 열망의 핵심에는 권력에 눌려 핍박받는 백성들의 고단한 삶을 개혁하려는 의지와, 지배 계층만이 아니라 모든 백성이 함께 행복해질 수 있는 이상이 있었다. 그 누구보다도 유학의 이상적인 민본주의 세상을 꿈꿨던 율곡의 마음이 《성학집요》를 쓰게 만들었을 것이다. 따라서 우리는 《성학집요》에서 이런 율곡의 마음을 읽을 수 있어야 한다.

우리 것보다 남의 것을, 내 나라보다 남의 나라를 더 높이고 허리를 굽히는 지금의 세상에서 《성학집요》는 또 얼마나 낯선 책인가. 율곡 이이는 알아도 《성학집요》는 모르는 오늘의 우리에게 어떤 희망과 미래가 있을까 안타깝기 그지없다. 자라나는 우리의 청소년들이 자신의 정체성을 파악하여 보다 넓은 세계로 나아가게 하고 진정으로 자신의 자존심을 지키게 하는 데 《성학집요》는 중요한 나침반이 될 것이라고 믿는다.

율곡 이이 연보

1536년(1세)	12월 26일 강릉 북평촌(오늘날의 강릉시 죽헌동) 외가에서 아버지 이원수와 어머니 사임당 신씨 사이에서 태어났다.
1548년(13세)	진사 초시에 장원으로 올라 명성을 얻게 되었다.
1551년(16세)	5월에 어머니 사임당이 별세했다.
1554년(19세)	우계 성혼과 교분을 맺었으며, 어머니 묘소에서 3년 시묘를 했다. 3월에 어머니를 잃은 슬픔에 금강산으로 들어가 불교에 심취했다.
1555년(20세)	봄에 금강산에서 내려와 인생의 이정표를 정하고 그 목표를 실천하기 위한 11가지 구체적 방안을 세운 〈자경문(自警文)〉을 지었다.
1556년(21세)	봄에 서울 집으로 돌아와 한성시에 장원급제했다.
1557년(22세)	9월에 성주 목사 노경린(盧慶麟)의 딸인 곡산(谷山) 노씨와 혼인했다.
1558년(23세)	봄에 예안으로 퇴계 선생을 찾아가 뵙고 학문을 토론했고, 이해 별시에 〈천도책(天道策)〉으로 장원급제했다.

1561년(26세)	5월에 아버지 이원수 공이 별세했다.
1564년(29세)	7월에 생원, 진사에 오르고, 8월에 명경과에 역수책으로 장원 급제하여 호조좌랑(戶曹佐郎)에 임명되었다.
1566년(31세)	사간원 정언에 임명되고, 겨울에 이조좌랑이 되어 시급히 개혁해야 할 일을 제안한 〈시무삼사(時務三事)〉를 상소했다.
1568년(33세)	2월에 사헌부 지평에 임명되고 11월에 이조좌랑에 임명되었다. 성균관 직강, 홍문관 부교리에 임명되었다.
1569년(34세)	6월에 홍문관 교리에 임명되어 9월에 《동호문답》을 지어 올렸다. 10월에 특별휴가를 얻어 외조모에게 갔는데, 이때 외조모가 90세의 나이로 별세했다.
1570년(35세)	4월에 교리에 임명되었고 8월에 맏형이 세상을 떠났다. 10월에 병으로 벼슬을 사양하고 처가인 해주로 갔다가 12월 퇴계의 부음을 듣고 멀리서 곡하였다.
1571년(36세)	여러 벼슬을 제수받지만 병으로 모두 사퇴하고 해주로 돌아갔다. 6월에 청주목사에 임명되어 향약을 기초하여 백성들에게 실시했다.
1572년(37세)	3월에 병으로 사직하고 파주 율곡리로 돌아갔는데, 이때 우계 성혼과 이기설에 대해 토론을 벌였다.
1573년(38세)	7월에 홍문관 직제학에 임명되고 병으로 사직했으나 허락을 받지 못하여 부득이 올라와서 세 번 상소하고 허락을 받았다.
1574년(39세)	정월에 우부승지에 오르고 〈만언봉사〉를 지어 올려 시국을 바

로잡는 데 힘을 썼으며, 3월에 사간원 대사간에 임명되고, 10월에 황해도 관찰사에 임명되었다.

1575년(40세)	동서분당이 시작되고, 9월에 《성학집요》를 지어 올렸다. 홍문관 부제학에 임명되었다.
1577년(42세)	12월에 《격몽요결》을 지었고 향약을 만들어 고을의 폐습을 바로잡고 백성들을 구제하여 칭송을 받았다.
1578년(43세)	《고산구곡가(高山九曲歌)》를 지었고, 3월에 대사간에 임명되고, 4월에 율곡리로 돌아갔다가 5월에 〈만언소(萬言疏)〉를 올렸다.
1579년(44세)	3월에 〈도봉서원기(道峯書阮記)〉를 짓고 《소학집주》를 탈고했다.
1580년(45세)	5월에 《기자실기(箕子實記)》를 편찬하고, 12월에 대사간으로 임명되었다.
1581년(46세)	6월에 가선대부 사헌부 대사헌으로 승진하고, 10월에 자헌대부 호조판서에 올랐다. 홍문관 예문관 대제학에 임명되고 《경연일기(經筵日記)》를 지었다.
1582년(47세)	정월에 이조판서에 임명되었고, 7월에 《인심도심설(人心道心說)》을 지어 올렸다. 《김시습전(金時習傳)》과 《학교모범》 및 《사목(事目)》을 지어 올렸다. 8월에 형조판서에 임명, 9월에 숭정대부로 승진, 의정부 우찬성에 임명되어 또 〈만언소〉를 올렸다. 10월에 명나라 사신을 영접하는 원접사가 되고 12월에 병조판서가 되었다.
1583년(48세)	4월에 〈시무육조(時務六條)〉를 올리고, 6월에 오랑캐가 침략해 온 사실로 탄핵을 받아 사직하고 율곡리로 돌아왔다가 다시 해주

석담으로 갔다. 9월에 판돈녕부사에 제수되고 이조판서에 임명되었다. 〈시폐봉사(時弊封事)〉를 올렸다.

1584년(49세) | 1월 16일에 서울 대사동 집에서 별세하여 3월 20일에 파주 자운산에서 장사를 지냈다. 별세한 뒤 인조 2년(1624년) 8월에 문성(文成)이라는 시호가 내려졌다.